Foundation of Education

教育学基础

主　编　马建华　范　智
副主编　陈　权　孔维维　林家勤
参　编　金　波　魏传庭　袁诗龙
　　　　杜保亭　曾　倩　吴　攀
　　　　黄　路　王　会　宣　钱
　　　　赵　飞　刘　雨　岳粹强

中国科学技术大学出版社

内 容 简 介

本书介绍了教育学的基本框架和理论,在厘清教育本质的基础上,从学生、教师、教育内容、课堂教学、教育管理以及教育评价等多方面阐述了教育学的基本内容,让学习者形成对教育学的整体认识,获得教师在教学中应有的教育理念和教学技能。

本书内容详实,观点新颖,理论联系实践,更加突出教育教学理论应用于实践的针对性、适用性和可操作性,旨在为院校教育教学改革与发展、提高院校教师课堂教学能力提供理论指导和方法借鉴。

图书在版编目(CIP)数据

教育学基础/马建华,范智主编. —合肥:中国科学技术大学出版社,2021.8
ISBN 978-7-312-05072-5

Ⅰ. 教⋯　Ⅱ. ①马⋯②范⋯　Ⅲ. 教育学—师范大学—教材　Ⅳ. G40

中国版本图书馆 CIP 数据核字(2020)第 196972 号

教育学基础
JIAOYUXUE JICHU

出版	中国科学技术大学出版社
	安徽省合肥市金寨路 96 号,230026
	http://press.ustc.edu.cn
	https：//zgkxjsdxcbs.tmall.com
印刷	安徽国文彩印有限公司
发行	中国科学技术大学出版社
经销	全国新华书店
开本	787 mm×1092 mm　1/16
印张	9.5
字数	186 千
版次	2021 年 8 月第 1 版
印次	2021 年 8 月第 1 次印刷
定价	40.00 元

前　言

教育学作为研究教育现象、解决教育问题、揭示教育规律、指导教育实践的学科，有必要成为每位教师的必选课程，只有这样，才能使教师掌握教育规律，科学施教，有效地履行教育教学职能。随着军队院校教育转型的深入推进，军队院校教员队伍结构趋向多元化发展，教员结构的多元化为军队院校的教员队伍注入了新的力量，但也给军队院校教员队伍建设带来了很大的挑战。其中最大的挑战莫过于新入职的大部分教员没有接受过师范院校教育，硕士或博士以及军转文教员直接走上讲台，普遍缺乏教育教学理论基础，而掌握教育教学基本理论是教员走上讲台的前提。因而，军队院校必须在新任教员培训时为其补上这关键的一课。为了确保新任教员能够在较短的时间内系统地掌握教育教学理论知识，提高新任教员培训的有效性，我们编写了《现代教育教学理论研究》丛书，《教育学基础》即为其中之一。

本书主要作为新任教员岗前培训用教材。结合新任教员实际，我们在内容的选择上重点考虑了理论的基础性、内容的实用性和使用对象的广泛性，在语言的运用上尽可能采用通俗易懂的语言阐述教育学所涉及的核心概念。因而，区别于一般教育类专业所开设的教育课程偏向"理论性"，我们编写的这本《教育学基础》，则在兼顾"理论性"的基础上，更加突出"实用性"，其目的在于使每位受培训教员，无论是专业的，还是非专业的，都能够读懂读透，从而对教育基本理论知识有所了解、有所领悟并能有所运用。

本书在编写时除了突出基础性和实用性之外，还着重突出了教育教学理论发展的时代性和发展性。本书对教育理论核心概念的阐述，与时俱进，紧扣教育教学发展的前沿理论，根据当今世界教育教学发展和改革的趋势以及我国教育发展与改革的最新要求，梳理了我国教育理论研究的最新成果，并结合军队院校教育教学实践，阐述了军事教育学的相关问题，使其能够满足军队院校教育教学发展需要，促进院校教学质量的提升。

本书由马建华教授、范智副教授担任主编，主要负责拟定内容框架，并负责统稿等事宜,各章内容由编写组成员合作撰写。

  本书在编写过程中,参考并引用了很多教育专家、学者的研究成果,在此表示衷心的感谢。由于能力和时间有限,书中存在疏漏和不足在所难免,恳请学界专家和读者提出宝贵意见,以便于我们更好地修改和完善。

编 者

2020 年 11 月

目　　录

前言 ……………………………………………………………………（ⅰ）

第一章　教育与教育学 ……………………………………………（1）
　　第一节　教育的概念与本质 …………………………………（1）
　　第二节　教育目的和教育功能 ………………………………（4）
　　第三节　教育学的产生与发展 ………………………………（8）
　　第四节　军校教育学 …………………………………………（16）
　　思考题 …………………………………………………………（20）

第二章　学生 ………………………………………………………（21）
　　第一节　学生的本质 …………………………………………（21）
　　第二节　学生的学习 …………………………………………（27）
　　第三节　军校学员的自主学习 ………………………………（33）
　　思考题 …………………………………………………………（43）

第三章　教师 ………………………………………………………（44）
　　第一节　教师概述 ……………………………………………（44）
　　第二节　教师的职业素养 ……………………………………（49）
　　第三节　教师的能力结构 ……………………………………（54）
　　第四节　教师与学生的关系 …………………………………（58）
　　第五节　军校教员教学能力发展 ……………………………（61）
　　思考题 …………………………………………………………（65）

第四章　教育内容 …………………………………………………（66）
　　第一节　教育内容概述 ………………………………………（66）
　　第二节　教育内容的载体 ……………………………………（69）
　　第三节　我国的教育内容 ……………………………………（75）
　　第四节　军校教育内容 ………………………………………（83）

思考题 ………………………………………………………………（90）

第五章　课堂教学 ……………………………………………………（91）
　　第一节　课堂教学概述 ………………………………………………（91）
　　第二节　课堂教学设计 ………………………………………………（93）
　　第三节　课堂教学过程 ………………………………………………（96）
　　第四节　军队院校课堂教学 …………………………………………（99）
　　思考题 ………………………………………………………………（104）

第六章　教育管理 ……………………………………………………（105）
　　第一节　教育管理概述 ………………………………………………（105）
　　第二节　学生管理 ……………………………………………………（109）
　　第三节　教师管理 ……………………………………………………（113）
　　第四节　教学管理 ……………………………………………………（117）
　　第五节　军队院校的教育管理 ………………………………………（120）
　　思考题 ………………………………………………………………（123）

第七章　教育评价 ……………………………………………………（124）
　　第一节　教育评价概述 ………………………………………………（124）
　　第二节　教育评价类型 ………………………………………………（128）
　　第三节　教育评价方法 ………………………………………………（136）
　　第四节　军校教育评估 ………………………………………………（139）
　　思考题 ………………………………………………………………（141）

参考文献 ………………………………………………………………（142）

第一章 教育与教育学

本章提要

教育是人类特有的社会现象,是专门培养人的活动,其本质是通过培养社会需要的人才,为国家发展、社会进步提供人力支持。教育学作为研究教育现象和教育问题、揭示教育规律的科学,其价值主要体现在反思教育经验、科学解释教育问题以及沟通教育理论与实践上。本章首先界定了教育的概念、本质以及要素,梳理了教育的目的和功能。其次概述了教育学的产生、形成以及未来发展趋势。最后,在厘清教育与教育学基本理论知识的基础上,结合军队院校的教学实践,探讨了军队院校教育教学与一般教育教学的共性与特殊性。

第一节 教育的概念与本质

一、教育概述

教育是人类重要的实践活动,对人的发展和社会进步有着不可替代的作用,要弄清什么是教育,就必须对教育的概念做进一步的界定。

(一) 教育的词源

从词源的角度看,"教育"一词在中西方都有着源远流长的发展历史。在西方,"教育"意味着"抚育,自身生成"。在德语里,"教育"有"引导、唤醒"的意味。它们都来源于拉丁文"educare",其动词形式为"educere";从其字根的本义看,"e"有"出"的含义,"ducere"则为"引导"之意,两者相合就是"引出"的意思,即采用一定的手段把某种本来就潜藏于人身上的东西引导出来,使之从一种潜质转变为现实。① 在中国,"教""育"二字最早见于甲骨文中,"教"字的结构像是有人手持木棒训导孩童学习的样子,"育"字的结构像妇女孕育孩子的样子。孟子在《孟子·尽心上》一书中提出"得天下英才而教育之,三乐也",他是我国古代最早将"教"和"育"连起来使用的人。后来"教"的使用逐渐显现于各家学派言论中,《荀子·修身》提出"以善先人者谓之教";《中庸》称"修道以谓教";《学记》中说,"教之者,长善而救其失者也";东汉许慎在其所著《说文解字》中说,"教,上所施,下所效也"。总体来看,中国古代"教"和"育"包含两种不同的意思,人们极少将两个字连在一起使用。直到19世纪末20世纪初,"教育"才作为常用词,被人们广泛使用。

(二) 教育的定义

目前,学界对教育的定义多种多样,比较公认的教育概念是:教育是培养人的一种社会活动,是传承社会文化、传递生产经验和社会生活经验的基本途径。从广义上说,凡是增进人们的知识、技能,影响人们的思想观念的活动,都具有教育作用;狭义的教育,主要指学校教育,是教育者根据一定的社会要求,有目的、有计划、有组织地对受教育者的身心施加影响,期望他们发生某种变化的活动。

教育是人类特有的社会现象,与人类几乎是同时产生的。教育随着人类的产生而产生,随着社会的发展而发展。当生产力发展到一定水平,允许一部分人脱离生产劳动,语言的发展也达到了较为完善的文字形态后,便出现了学校。教育与社会的发展、与人的发展有着本质的联系:一方面,教育为社会的发展、为人的发展提供了保证;另一方面,社会和人的发展又不断向教育提出更高、更新的要求。

二、教育的本质

教育的本质就是要回答"教育是什么",对教育本质的清醒认识、科学回答和准确把握有助于我们对教育根本属性的深刻剖析与理解。

教育的本质是指教育的内在要素之间的根本联系和教育作为一种社会活动区别于其他社会活动的根本特征,与"教育现象"相对。教育是培养人的活动,自有人类社会以来就有教育,它的职能是根据一定社会的要求,传递社会生产和生活经验,促进人的发展,培养该社会所需要的人才。②

---

① 任仕君,等.教育学基础[M].北京:北京师范大学出版社,2013:30.
② 钟启泉,等.教育大辞典[M].上海:上海教育出版社,1997:726.

教育的本质受人的认识的影响而有所不同。迄今为止，主要有六种教育本质观：一是教育是上层建筑。20世纪50年代，斯大林撰写了《马克思主义与语言学问题》一文，反对当时苏联盛行的教条主义风气，这引起了苏联教育界对教育本质属性的思考。1957年，毛泽东在"反右"斗争中明确提出：学校教育等都是上层建筑。这一论断成为"教育是上层建筑"的理论来源。二是教育是生产力。美国经济学家西奥多·舒尔茨提出教育不仅是消费，还是一种投资，能够提高劳动生产率，促进生产的经济效益。① 三是教育具有上层建筑和生产力的双重属性，是指教育既具有阶级属性，又为生产生活服务。四是教育是一种综合性的社会实践活动，教育通过培养社会需要的人才，为国家发展、社会进步提供人力支持。五是教育是促进个体社会化的过程，教育的目的是把个体培养为符合社会发展需要的人才，但是这一学说忽视了社会对个体的影响。六是教育是培养人的社会活动，是指通过教育将社会生产和生活经验传递给个体，促进个体的身心发展。

当前，关于教育本质的解读众说纷纭，学者们的深层反思，有助于我们深入理解教育活动质的规定性，从而建构科学的教育理论体系。

三、教育的要素

教育活动是一个复杂的社会活动，多个要素共同发生作用，才能使教育活动顺利开展。构成教育活动的基本要素有教育者、学习者以及教育影响。

（一）教育者

教育者，是指能够在一定的社会背景下，有目的、有计划地促进个体社会化和社会个性化活动的人。教育者首先应具备明确的教育目的，能够理解他在实践活动中所承担的促进个体发展、社会发展的使命，并能够通过教学方法、教学策略对个体的身心发展产生影响。因此，教育者意味着一种"资格"。教育者不等同于父母或教师，他是教育活动的设计者、实施者和组织者，对整个教育活动起领导作用；教育者又是学生学习活动的指导者、评价者，对教学活动起着方向矫正、动力激发、策略引导的作用。教育者反映着社会的需求和个体发展的需要，控制着教育的全过程，因而在教育活动中居主导地位。

（二）学习者

学习者是指在教育活动中从事学习活动的个体，是教育活动的主体和对象。学习者

---

① 袁振国.当代教育学[M].北京：教育科学出版社，2004：312.

有如下特点：一是不同的人有不同的学习目的；二是不同的学习者，其学习基础不同，学习的兴趣、学习的能力、学习的风格未必相同；三是不同的学习者面对的学习情境不同，因材施教更适合于学习者个体的发展；四是不同的学习者学习意识和学习能力不同，导致各自的学习效率和学习质量有所差别。因此，学习是一种高度个性化的活动，需要教育者在开展教育的过程中，有针对性地对学习者身心特点和学习特点进行细致把握，才能恰当地引导学习者开展学习活动。

（三）教育影响

教育影响是指在教育活动中，教育者作用于学习者的全部信息，包括信息选择、信息传递、信息反馈，是形式与内容的统一。从内容上说，教育影响是教育内容、教学材料或教科书，它们是教育者和学习者互动的媒介。从形式上来说，教育影响是教育手段、教育方法、教育组织形式，它们围绕教育内容进行设计，把教育内容以合适的方式呈现给学习者，促使学习者开展有效学习。

教育者促进学习者发展，学习者通过教育者对教育资源和教育活动产生作用而获得发展自己的权利和义务，教育影响是教育的重要中介。教育的三个要素之间相互独立又相互影响，共同构成完整的教育系统。

第二节 教育目的和教育功能

一、教育目的

教育活动是围绕教育目的展开的，教育目的在教育活动中占有举足轻重的地位，它是教育工作的方向和目标，也是确定教育内容、选择教育方法、评价教育结果的重要依据。

（一）教育目的概述

教育目的是指通过教育所要实现的预期结果，根据一定的社会生产力、生产关系来确定，反映了国家和社会在人才培养规格、社会倾向性等方面的要求，它是教育活动的出发点，"是培养人的总目标，关系到把受教育者培养成为什么样的社会角色和具有什么样素质的根本性质问题"。教育目的的含义具有广、狭之分,广义的教育目的是指人们对受教育者通过教育后身心发生积极变化的期望;狭义的教育目的是指一个国家对教育活动结果做出的规定性要求,是国家培养人才的质量规格和标准。

教育目的不同于培养目标,教育目的是对各级各类教育的人才培养标准的总体要求,而培养目标是对某一层次、某一类别的教育活动的具体要求,培养目标以教育目的为总纲。同时,教育目的也制约、影响着课程目标和教学目标,四者之间层次不同,结构依次为:教育目的——培养目标——课程目标——教学目标。因此,教育目的与培养目标、课程目标、教学目标是一般与特殊、普遍与个别、总体与部分的关系。厘清教育目的的核心内涵,可为教育活动的顺利展开指明方向。

(二)教育目的的功能

教育目的对教育活动具有指向性和规定性,教育目的为教育活动满足国家和社会发展需要、个体成长需要提供了依据和保障。教育目的主要包括导向、激励、评价三大功能。

1. 导向功能

教育目的是教育活动的出发点,它为教育活动指明了努力的方向,对具体的教育活动有明确的规定性。具体表现为:一是教育目的明确规定了人才培养的方向和学校的办学方向,即教育"为谁培养人"。二是教育目的反映了一定历史阶段国家和社会对学生发展的期望和需要,形成外在行为引导和约束,使学生按照教育目的的要求进行自我发展调控。三是教育目的对教师的教学具有导向作用。教师根据教育目的调整自己的教育理念,设计自己的教学活动。

2. 激励功能

教育目的是对教育结果的期盼和要求,是一种教育理念,它不仅可以指导整个教育活动,还能激励教育者和受教育者共同奋斗,为实现目标而努力。教育目的激励教育者按照教育方针的规定去培养人才,也是衡量教育者劳动价值的重要尺度;教育目的还能激励受教育者自发、自觉地制定个人发展目标,开展学习行为,从而提升受教育者的责任感和主动性。

3. 评价功能

教育目的是衡量和评价教育活动实施效果的根本依据和标准。评价学校的办学方向、办学水平、教学理念是否与国家、社会发展相匹配,检查学校教育教学工作的质量、效果,评价教师的教学质量、教学水平,检查学生的学习质量和发展状况,都必须基于教育目的来展开。

(三) 教育目的的类型

根据教育目的所发挥的作用,可以将教育目的分为以下几种类型:

1. 外在教育目的和内在教育目的

外在教育目的是指一个国家或社会对各级各类教育在人的培养上所规定的总体目标、总的要求,具有普适性。内在教育目的是指在具体的教育活动中,对受教育者所要达到的知识认知、能力发展、技能进步等方面可预期的结果,是评价实际教育活动的直接指标和依据,它是灵活的,对教育活动自由开展具有现实的指导意义。外在教育目的和内在教育目的的区别在于:前者是宏观的、抽象的,后者是微观的、具体的;前者着眼长远发展,后者立足现实需要;前者从一般社会需求出发,后者从受教育者的个体发展出发。对于受教育者来说,外在的教育目的是固定的、抽象的,不容易理解和接受,而内在的教育目的切合受教育者身心发展,是可预见的奋斗目标,能够激励受教育者全身心地投入教育活动。

2. 终结性教育目的和发展性教育目的

终结性教育目的是指各级各类教育活动对人才培养所要实现的终极目标,是对人的发展的理想性要求。发展性教育目的是指在教育活动的不同阶段、不同时期,对人才培养的具体要求。终结性教育目的和发展性教育目的的区别在于:前者对教育活动的影响是全面的、宏观的,具有指导性意义,后者关注教育的不同阶段以及教育活动的具体实施,对解决教育问题的结果进行直接评定;前者是根本性的,后者是具体性的,是前者的具体体现。

3. 正式决策的教育目的和非正式决策的教育目的

正式决策的教育目的是指国家或社会提出的各级各类教育都必须遵循的总体目的,是政治、经济、文化、生产需要的集中体现,与国家发展、自身利益密切相关,是国家检查、评价各级各类教育活动的根本依据,在整个教育体系中居核心地位。非正式决策的教育目的是指以教育思想、教育理论为根基而存在的教育目的,没有明确的阐述,借助一定的社会观念而发生作用。正式决策的教育目的和非正式决策的教育目的的区别在于:前者具有强制性,后者具有指导性;前者的落实有权力机构的支持,后者是学校和个体自发遵循的。两者处于不同的社会地位,两者之间具有相互影响的积极性,也有相互排斥的消极性,在具体使用过程中,应注意提升积极影响,防止和避免消极影响。

二、教育功能

教育功能是关系到教育效果的一个实际问题,我们需要认识教育的功能,才能有效地发挥教育的功能,推动人类和社会的发展,创造人类美好的未来。

(一) 教育功能概述

教育功能,即教育的作用。教育作为一种培养人的社会实践活动,一方面,教育通过其系统内部各要素的组合与互动,对受教育者起到直接的促进作用;另一方面,教育作为社会大系统的子系统,通过培养社会发展所需要的人来满足社会需要,间接促进社会的发展与进步。因此,教育功能是指教育活动和系统对个体发展和社会发展所产生的各种影响和作用,教育功能具有客观性和社会性,同时还具有多样性和条件性。

教育功能的客观性,是指引发教育功能变化的教育本质和教育结构在教育发展过程中具有相对稳定性,这就决定了教育功能不以人的意志为转移,具有客观性。

教育功能的社会性,是指教育是社会系统的子系统,社会系统之间的相互变化、发展会影响到教育在社会系统中的地位,教育的功能也必然受到社会政治经济文化的制约。

教育功能的多样性,是指教育在个体发展功能中,既有个体个性化功能,又有个体社会化功能;教育在社会发展功能中,既有政治功能、经济功能,又有文化功能、生态功能。教育对社会方方面面的作用,决定了教育功能的多样性。

教育功能的条件性,是指教育既要符合自身的规定性和规律,又要与周围环境相匹配,才能促进教育功能的有效发挥。

(二) 教育功能的类型

教育功能的表现形式构成了教育功能的不同类型,这些表现形式依据教育作用而呈现出不同的形式和性质,从而使教育功能呈现多样化。

1. 个体功能与社会功能

从教育作用的对象看,教育功能分为个体功能和社会功能。

教育的个体功能,是指教育对个体的发展产生的影响和作用,是由师资水平、课程设置、教育手段等教育活动内容、结构决定的。教育的个体功能是在教育活动内部发生的,也称为教育的本体功能。教育的个体功能包含两个方面:一是教育的个体社会化功能,表现为教育促进个体思想意识的社会化,促进个体行为的社会化,促进角色和职业的社会化;二是教育的个体个性化功能,表现为教育促进人的主体意识的形成和主体能力的发展,促进个性差异的充分发展,形成人的独特性,开发人的创造性,促进个体价值的实现。

教育的社会功能,是指教育是社会发展的助推器,教育对社会发展的积极作用就是教育的社会功能。教育的社会功能通过教育对其他社会子系统的作用来表现:一是教育的政治功能,即教育通过培养合格的公民和政治人才为政治服务,通过传播思想、制造舆论为统治阶级服务,通过传播科学真理、启迪人的民主意识推动社会走向民主化;二是教育的经济功能,即教育通过传播科学文化知识和技能,为经济发展提供潜在的劳动力,培养创新人才,推动科学技术进步,实现科技创新,从而促进经济的发展,同时,教育还能够产生经济效益,是经济发展新的增长点;三是教育的文化功能,即教育可以传承、选择、保存、融合、创造文化;四是教育的人口功能,即教育可以从根本上改变人的思想观念,从而进一步提高人口质量,控制人口数量,改善人口结构,促进人口结构更加合理;五是教育的生态功能,即通过环境教育使人们形成保护自然的理念,促进人类与自然的和谐发展,并通过科技创新,提高人们解决生态问题的能力。

2. 显性功能与隐性功能

从教育的表面属性和外部特征来看,教育功能可以分为显性功能和隐性功能。

显性功能是指教育在实际运行过程中,按照教育目的、教育任务、教育价值,所表现出来的与之相匹配的功能,显性功能的标志是计划性,如教育的政治功能、经济功能、文化功能。隐性功能是指通过教育产生的非计划性、非预期的影响,它没有明显的外在表现形式,是学校、社会、教师对学生发生的潜移默化的影响,教育的隐性功能有积极的,也有消极的,我们应利用积极的隐性功能,有效避免消极的隐性功能。显性功能和隐性功能既相互区别,又可以相互转化、相互利用。教育的隐性功能可以通过有意识的引导和利用,使其转变为显性功能。教育中包含明确目的的显性功能,可以通过"随风潜入夜,润物细无声"的方式转化为隐性功能,达到积极的育人效果。

教育功能类型的相互组合,在教育活动中发挥统一的协调作用,能够充分发挥教育活动对人和社会的积极作用。

第三节 教育学的产生与发展

随着人类社会的发展和学校的出现,教育工作日渐复杂,教育经验日益丰富,人们需要对教育活动进行探究,对教育经验进行总结,因此逐渐形成了研究教育现象、教育问题、教育规律的教育学学科。教育学是一门古老而年轻的学科,说其古老,是因为早在几千年前,教育思想的火花以及对教育问题的精辟见解就散见于人类先哲的言谈与著述中;说其年轻,是因为它正式形成只有200多年的历史,并随着时代的进步不断变化和发展。

一、教育学的产生

中国古代的孔子、孟子、荀子、墨子,以及汉代的董仲舒、唐代的韩愈、宋代的朱熹等,西方的苏格拉底、柏拉图、亚里士多德、昆体良等,都以各自的思想为基础,结合自身时代的社会特点、政治背景、人文素养积极探讨教育问题,开展了丰富的教育实践,积累了精辟的教育经验,提出了许多影响后世的教育观点、教育主张。

(一)中国古代的教育思想

孔子是中国古代优秀的教育家、思想家,其言论代表著作《论语》记载了许多教育原则、教育观点。孔子主张"有教无类",重视人的后天教育,他开办私学,希望将人培养成"君子""贤人"。孔子以"仁"为思想核心和最高道德准则,主张因材施教、启发诱导、学思结合。

先秦时期,墨家和儒家并称显学,墨家的代表人物是墨子,他的教育主张以"兼爱"和"非攻"为核心,同时重视文史知识的掌握、逻辑思维的培养,以及实用技术的学习。墨翟提出"亲知""闻知""说知"是知识获得的三条主要途径,通过主动教育和量力而为,实现培养适合时代需要的"贤士"或"兼士"的教育目的。

道家以自然主义哲学为引导,主张顺应自然、无为而治,一切的教育以尊重人的自然本性,培养完满人格为主要目标。

战国晚期的《学记》是中国乃至人类历史上最早的专门论述教育和教学问题的著述,它总结了先秦的教育理论和教育经验,系统阐明了教育目的、教育作用、教学制度、教学原则、教学方法、教师地位、师生关系、生生关系等问题,是世界教育发展中宝贵的思想遗产。

汉代的董仲舒重视人性的形成与发展,重视教育在社会发展中的作用,按照教育的可能性把人分为"性三品"。董仲舒结合孔子、孟子的主张,提出了"五常"——仁、义、礼、智、信,他认为应将道德教育纳入日常教育工作,在教学过程中注重师生德行的培养。

唐代韩愈的教育思想丰富且深刻,"师者,所以传道授业解惑也"等经典论说一直为后世传颂,韩愈主张教育教化对国家发展、民生安定有重要的指导意义。

宋代的朱熹对个体的生理和心理特征有初步的认识,提出了"小学""大学"两个学习阶段,并提出了两个阶段不同的教育任务、内容和方法,即"小学"重在启智与养德,"大学"重在明理。朱熹的教育见解为中国古代教育思想增添了新鲜的内容。

（二）西方古代的教育思想

苏格拉底主张通过教育来培养治国人才，首先要培养人的美德，培养智慧、正义、节制、勇敢的品格，使人成为有德行的人；其次是智育，通过学习文法、雄辩术、几何等实用性极强的科目，来充实人的头脑，促进人的全面发展；再次是体育，苏格拉底认为体育可使学生的身体素质得到提高，从而进一步促进智育和德育的发展。苏格拉底最著名的教育方法是"产婆术"，主要以问答形式展开，通过诘问，使学生陷入思考并主动寻找答案，从而获得知识。

柏拉图的《理想国》集中体现了其教育思想。柏拉图身处雅典民主制度走向衰落的时期，他期望通过教育来挽救垂危的民主制度，他认为教育是实现理想国的工具，培养哲学家是教育的最高目的，他提出教育由国家统一管控，实行统一的学制，根据不同年龄段学生的身心特点因材施教，引导学生成长为至善至美之人。

亚里士多德是古希腊著名的百科全书式哲学家，他的教育思想主要体现在其著作《政治学》中。他首次提出教育要适应自然的原则，按照儿童心理发展规律分阶段进行教育，并对教育内容、教育方法、教育计划进行了具体安排。亚里士多德提出了教育服务于社会和服务于个人闲暇生活的两种功能，这是教育思想史上第一次对教育功能的清晰认定。

古罗马著名的思想家昆体良被认为是人类教育史上的第一个教学理论家，他总结自己 20 多年的教学工作经验，撰写了《雄辩术原理》一书。该书是一部雄辩术教程，同时也是西方最早的教育专著。书中详细阐述了培养雄辩家的方法和途径，认为儿童具有巨大的潜力和教育的可能性，论述了教育在人的发展过程中的重要作用。

这一阶段，由于时代的局限性，教育思想集中于教育经验总结和简单的推理，教育思想与政治、哲学等思想交织在一起，没有形成系统的论证和完整的框架，仅处于萌芽阶段，还没有形成一门独立的学科。

二、教育学的形成

随着科学技术的进步、资本主义的发展，17、18 世纪，资产阶级为了培养适用人才，在教育上提出了新的主张。这一阶段，教育学逐渐形成了相对独立且完整的理论体系。

"知识就是力量"是英国学者培根的至理名言，他于 1605 年在《论学问的精神与进步》一书中，明确提出要建立教育学，此后，教育学逐渐从哲学中分化出来，形成了自己的学科体系。培根在其著作中谈到了一系列教育教学原则和方法，如启发性原则、循序渐进原则、因材施教原则,科学归纳法、问题与解答教学法、练习法,为教育学的发展提供了科学的研究方法。

捷克教育家夸美纽斯被称为"教育学之父",他于1632年撰写的《大教学论》,被认为是教育学成为独立学科的标志。他主张"把一切事物教给一切人",提出泛智教育思想。他提出普及初等教育,主张按照年龄来建立学校教育制度。他论证了班级授课制的可行性。但他的思想带有浓厚的宗教色彩,在一定程度上影响了教育学的科学性。

法国著名启蒙思想家卢梭对教育学的形成和发展做出了伟大的启发和指导。卢梭教育思想的核心是自然教育理论,认为自然是最好的教育,教育的目的是培养自然天性,使其发展为"自然人"。卢梭提出根据个体生长的自然规律,采用不同的教育目标、教育重点、教育内容和教育方法。其名著《爱弥儿》集中体现了卢梭的教育思想,对当时的封建教育理论产生了巨大的冲击,开拓了以研究个体生长发展与教育的相互关系为主题的研究领域。

瑞士教育家裴斯泰洛齐的教育思想主要有以下几方面:教育适应自然,是他对卢梭教育理念的具体化,并在此基础上构建了自己的教育思想。爱的教育,是裴斯泰洛齐对教育者提出的要求,要求教育者对教育对象应持有真诚的、全身心的、无保留的关心和热爱。"教育心理学化"包含两层含义:一是教育教学应使人固有的、内在的能力得到培养和发展;二是教育教学应与儿童心理发展特点相协调,使儿童在发展中处于自然主动的地位。要素教育理论,是指教育过程应从最简单、最容易被儿童理解的"要素"开始,逐步过渡到复杂的"要素",以促进个体天赋能力的全面和谐发展。教育与生产劳动相结合——裴斯泰洛齐看到了生产劳动的教育价值,他是西方教育史上第一位将教育与生产劳动结合付诸实践的教育家,是教育史上的一个创举。裴斯泰洛齐的教育思想和教育实践对许多国家都有着深远的历史影响,他的主要著作有《林哈德与葛笃德》《天鹅之歌》等。

德国教育家赫尔巴特,被誉为"科学教育学的奠基人",他的著作《普通教育学》被认为是教育学成为独立学科的代表作品,他在哲学的基础上建立了教育目的论,在心理学的基础上建立起了教学理论,在伦理学的基础上建立了道德教育理论,从而奠定了科学教育学的基础。

这一时期,独立的教育学学科开始产生和创立,教育学初步具备了理论体系,教育学的发展日益规范,教育学的学科地位得以确立和提升。这一阶段,人们对教育学的认识刚刚起步,科学实证和实验法还没有灵活运用于教育问题研究,教育研究还缺乏科学性。

三、教育学的发展

随着工业革命的发生和壮大,技术的进步推动了社会制度、思想观念和生活方式的变化,科学的观念在各个学科开花结果,为教育的发展提供了理论支持和技术支撑,教育学的发展出现了许多颇具代表性的理论。

(一)发展概况

1. 实验教育学

实验教育学是一种以教育实验为标准的教育思潮。1879年,德国心理学家冯特在莱比锡大学,在思想和方法上为实验教育思想提供了可以借鉴的经验。1901年,德国教育家梅伊曼提出以实验的方式研究教育问题,首先将实验教育思想称为"实验教育学"。1907年,德国教育家拉伊在《实验教育学》一书中详细阐述了实验教育思想,主张运用观察、实验、比较等方法对教育原理和教学法进行研究。实验教育学的特点是通过严格的操作规范来实施教育实验,将受检验的主要因素与无关因素严格隔离,并借助仪器、设备来观察实验对象在教育过程中的发展、变化,同时,实验教育学强调定量研究法,通过比较、统计等方法发现教育变量之间的关系,检验实验结果的可靠性,从而解释教育原理、教育问题。但是,实验教育学忽视了人的社会性,实验结果往往是在理想状态下呈现的,缺乏普适性,容易产生"唯科学主义"的倾向。

2. 文化教育学

文化教育学产生于19世纪末的德国,代表人物有狄尔泰、斯普朗格、利特等人。文化教育学的主要观点是:第一,人是文化的存在,因而人类的历史就是文化的历史;第二,教育的发生有一定的社会历史背景,因此,教育的过程是历史文化过程;第三,教育研究应当采用精深科学或者文化科学的方法;第四,教育的目的是促使社会历史文化内化于人,丰富人的主观世界,引导人形成完整的人格;第五,培养完整人格的主要途径是启发和唤醒。文化教育学的主要思想著作代表有《关于普遍妥当的教育学的可能》(狄尔泰,1888)、《教育与文化》(斯普朗格,1919)等。文化教育学在教育的本质、教育的目的、师生关系等方面提出了很多有益的启示,在整个20世纪,它影响了德国乃至世界教育学的发展。但是,文化教育学思辨气息浓厚,在解决现实教育问题上很难提出针对性、可操作的建议,从而限制了它在实践中的应用。

3. 实用主义教育学

19世纪末20世纪初,工业革命给生产、生活带来了前所未有的变化,生产规模扩张,人口流动加速，人们的生活观念、道德观念都随之发生了巨大的变化，生活领域的变化推动了教育领域的发展，为适应生产、生活对实用性人才的需要，美国兴起了实用主义教育思潮。这种学说由杜威创立，他为了反对传统的以教师、课堂、教材为中心的教育，提出了教育的本质是"教育即生活""教育即生长""教育即个人经验的增长"，他主张"以儿童为中心""从做中学""学校即社会"等观念，其代表著作有《民主主义和教育》《经验与教育》，并在自己创办的芝加哥实验学校对自己的教育思想进行了实验。实用主义教育思想是对以赫尔巴特为代表的传统教育理念的巨大冲击，这一思想不仅满足了儿童身心发展特点，还推动了学生牢固掌握生产和生活能力。实用主义教育学具有跨时代的意义，对整个教育领域是一次重大的思想变革。

4. 马克思主义教育学

马克思主义教育学产生于苏联，代表人物有克鲁普斯卡娅、马卡连柯、凯洛夫、苏霍姆林斯基等。他们从不同的角度提出了许多正确反映社会主义教育规律的教育原则、原理与方法，构建了与当时苏联社会发展相适应的社会主义教育学体系。克鲁普斯卡娅于1917年出版的《国民教育和民主主义》，是第一本用马克思主义观点阐述教育和教育学史的专著。凯洛夫主编的《教育学》是马克思主义教育学理论体系形成的标志。凯洛夫提出了社会主义教育学的基本概念，阐述了共产主义教育的基本内容，在一定程度上解释了社会主义教育的基本规律。马卡连柯在其教育实践的基础上，提出严格教育与尊重相结合等著名的教育原则，创立了集体主义教育思想。苏霍姆林斯基从学生主体论与教师指导论相融合的观点出发，把学生引向生动活泼的主动、全面发展的道路，取得了很大的成就，并在学校集体和家庭中对学生进行共产主义教育、教育和生产劳动相结合等方面提出了许多独到的见解，为苏联社会主义教育学的发展做出了重要贡献。

（二）教育学在中国的发展

我国的教育学发轫于鸦片战争时期，随着西方列强的入侵，带来了热兵器与暴力，同时也带来了世界文化和教育，中国在被迫对外开放的同时，也吸收了许多国外的先进理论和经验，为中国教育事业的发展和人民综合素质的提高提供了有益的借鉴。

1. 初建阶段

晚清时期，随着甲午战争的惨败、洋务运动的破产，人们越发认识到要救国图强，只有追赶时代潮流，变革社会。随着中国仁人志士对现代化和西学东渐认识的进步，西方社会科学理论、人文科学理论被大量引进、介绍、传播和推广，西方先进的教育思想和教育理论也随之而来，引发了清末一系列的"新政"。"新政"促进了学校教育和师范教育在中国的兴起，学堂兴办之初，师资大量匮乏，迫切需要大量的教师来适应教育发展的需要,师范学校应运而生,教育学课程成为师范院校的核心课程,师范院校也就成为教育学在中国发展的重要载体。教育学在中国的起步源于对日本教育学的学习。这一时期,我国大量翻译和引进了日本教育类书籍,据统计,1886年至1911年间,中国共翻译日本教育类书籍76种。但是,这种盲目的、不加选择的引进,形成了急功近利的倾向,表现出过分强调使用,译著较为粗糙,没有形成自己的教育学理论体系。

2. 发展阶段

五四运动以后,中国教育第一次放眼世界寻求新发展,中国开始以积极、开放的心态关注世界发达国家教育的发展,同时,随着一批留学生的归国,以及杜威、孟禄等教育大家来华讲学产生的轰动效应,中国逐渐把学习的对象由日本转向美国。中国开始根据自己的需要筛选西方教育学内容,引进的水平进一步提高,不仅为教育教学服务,还注意为教育研究服务。1927年以后,教育学在中国的发展进入到以"中国化"为主要特征的探索阶段。这一阶段,教育学在中国的发展主要有以下特点:一是加强了与中国教育实践的结合,如赵演在翻译康茨著的《教育原理》时提出"一切外国材料不能适用者,尽行剔除,易以中国材料",说明中国教育学者已越发重视引进教育资源与中国教育实践相结合;二是与教育研究需要结合,这一阶段为配合教育研究的开展,引进了教育测量、教育统计、教育研究方法等学科;三是教育理论逐渐发展出自己的理论体系,如王炽昌的《教育学》、孟宪承的《教育概论》等,这些著作从体系到内容都比较完整、系统;四是教育译著的比例呈减少趋势,教育学学科的独立建设,已经成为中国教育学者的主要任务。

3. 学苏阶段

新中国成立后,中国的政治、经济发生了根本性变化,我国教育学发展也进入全面学习苏联阶段。1949年,《人民日报》连载了凯洛夫的《教育学》部分章节。1950年,中国主流出版社陆续翻译、出版了苏联的教育学教材,如凯洛夫的《教育学》、斯米尔诺夫的《教育学初级读本》等。这一时期,苏联的教育学者纷纷来华讲学,如凯洛夫于1956年来华演讲。苏联的教育学理论和教育学经验为我国教育学科的建立与发展提供了重要的指导作用,进一步提高了我国教育发展的水平,为教育学在我国的发展打下了深厚的基础。

4. 中国化阶段

在引进和学习苏联教育理论的过程中,我国的教育学者逐渐认识到"全盘接纳"苏联教育学的局限,开始总结和反思本国的教育经验,改革开放以后,我国教育学学科迎来了蓬勃发展的春天,教育著作层出不穷,如叶澜的《教育学理论》、陈桂生的《教育原理》、南京师范大学的《教育学》、东北师范大学的《教育学基础理论》、华中师范大学的《教育学原理》等,中国的教育教学理论发展达到了很高的水平。与此同时,中国的教育学发展也开始走向世界,教育学工作者积极参加国内外的教育研讨,深入开展教育研究,坚持结合中国教育实践,继承和发扬教育学的优秀经验,不断推动教育学科的创新与突破。

(三) 发展趋势

随着生产力的发展、政治结构的重组,人类对自身的生存价值、人生态度、价值观念、生活方式等开始重新认识,这些改革和变化深刻影响着教育发展,现代教育呈现出许多新的趋势。

1. 教育学研究的问题领域扩大

20世纪初,教育学研究主要集中在学校教育问题方面,而且主要集中在学校教学问题的研究上。20世纪末,教育研究领域开始从微观领域、内部要素扩展到宏观规划、外部关系、社会教育、终身教育等领域。到了21世纪,教育学研究热点变现为教育学元认知、教育改革方略、教育现代化、德育教育的突破、课程与教学理论的发展、人工智能时代教育的变革与反思、师德师风建设等。

2. 教育学研究基础的扩展和研究范式的多样化

随着现代社会的快速发展,文化交流频繁,社会发展呈现多元化、多样性,推动了社会价值取向的多元化。受其影响,一方面教育学基础学科领域进一步扩大,如哲学、生理学、经济学、文化学、社会学、脑科学、人类学、政治学、法学、技术学、管理学等学科在概念、范畴、体系等方面都与教育学发生了深层次的交叉、融合,教育学在吸收借鉴其他学科研究成果的基础上,发展出诸多交叉学科,如教育社会学、教育经济学、教育人类学、教育哲学等。另一方面,教育学呈现出多元化、多样性的特征,不同的研究基础形成了不同的研究范式,进而形成了多个教育流派,如文化教育学、实用主义教育学、马克思主义教育学、批评教育学等。[1]

3. 全球化为教育和教育学的发展带来新的机遇和挑战

20世纪后半叶以来,由于生产力、科学技术的迅猛发展,各国各地区以经济为主导,在政治、文化、科技、军事等众多领域的相互联系和影响日益加强,这对教育和教育学既是一种机遇,更是一种挑战。在全球化背景下,学校与外部世界的联系加强,要求我们打开眼界,从整个世界的角度来审视我们的教育;要求教育关注生态平衡、粮食危机、资源短缺、人口爆炸、民族主义等全球性问题;要求重新确立人才规格标准;要求正确对待全球化引发的教育上的冲突;要求积极借鉴和吸收他国的先进教育经验,认真审视他国的教育;[2]要求积极借鉴和吸收互联网发展的先进技术,及时调整教育策略。

---

[1] 全国十二所重点师范大学联合编写.教育学基础[M].北京:教育科学出版社,2014:14.
[2] 丁锦宏.教育学基础[M].北京:高等教育出版社,2009:50.

4. 马克思主义教育理论的中国化发展

马克思主义教育理论引入中国以来,经历了中国本土化的筛选、融合、发展,逐步形成了中国化的马克思主义教育理论体系,即辩证唯物主义教育观、人的全面发展观、教育与生产劳动相结合的教育思想。党中央高度重视教育事业,习近平总书记立足中国教育的理论与实践,在继承和发展马克思主义教育理论的基础上,紧扣新时代中国教育发展面临的新情况和新问题,反复论述马克思主义教育理论工作,进一步强调马克思主义的政治立场,提出教育要坚持以人民为中心的价值追求,倡导教育要与时俱进,号召教育要形成全面整体的改革观。这些重要论述丰富了马克思主义教育理论的内涵,深化了马克思主义教育理论的时代特征,拓展了马克思主义教育理论的方法论,开辟了马克思主义教育理论的新境界。

第四节 军校教育学

军校教育学是教育学的分支学科,它是专门研究军校教育现象和规律的一门科学,既要从宏观上揭示办学的基本规律,阐述正确的办校、办学思想,又要对教学、教育、养成活动的丰富经验做出科学的说明,揭示其中具有规律性的经验。

一、军校教育学的研究对象

科学的区分在于不同的研究对象,而不同的研究对象则由这门科学所研究的特殊的矛盾构成。军校教育学是研究军校教育这一现象领域的特殊矛盾运动的,这种特殊矛盾的研究直接制约着其体系的形成,是体系形成的前提和基础。因此,要研究军校教育体系,就必须以研究军校教育学特定的研究对象为依据,使整个体系成为军校教育这一现象领域的特殊矛盾运动的理论变现。

探讨军校教育学的研究对象,首先要弄清什么是教育,什么是军事教育,什么是军校教育,从中找出它们之间相区别的特殊规定性。

教育这一概念有广义和狭义之分。广义的教育,泛指社会上一切有目的地影响人们知识、技能、身心健康、思想品德的形成和发展的各种活动,它存在于人类社会生活的各个领域之中。狭义的教育专指学校教育,即按照一定的社会要求和受教育者的发展需要,有目的、有计划、有组织地对受教育者施加影响,以培养一定社会(阶级)所需要的人的实践活动。在教育学中还有一个更为狭义的教育概念,就是把思想品德教育简称为"教育"。教育尽管有广义和狭义之分,但它有一个共同点,就是它是有目的地影响人的思想品德、身心健康、知识、技能的形成和发展。这是教育现象和非教育现象的根本区别。所以,我们说教育是一种培养人的社会实践活动,教育学就是要研究这种活动的现象和规律。

军事教育是国民教育的一部分,它的教育对象是现役和预备役官兵。军事教育是一种有目的、有计划、有组织的专业教育。军队是一个武装集团,它是以整体力量在战争中发挥作用的。因此,军事教育不仅着眼于每一个军人素质的提高,将普通的工人、农民、学生培养成合格的军人,而且要着眼于军人集体素质的提高。没有军人集体素质的提高,就没有强大的战斗力。可见,军事教育是对现役、预备役军人和军人集体的教育,它的目的是培养合格的军人,提高军人集团的作战能力,以适应战争的需要。这是军事教育和其他教育的根本区别。所以,我们说军事教育是提高军人素质和集体作战能力的实践活动,军事教育学就是要研究这种活动的现象和规律。

军队院校教育是军事教育的重要组成部分,它和部队训练、军事职业教育构成了军事教育的全部。军校教育的对象是学员,是按照军队建设的需要,有目的、有计划、有组织地向学员传授军事知识和技能,发展智能和体魄,培养思想品德、战斗作风和心理素质,其目的在于使学员得到全面发展,成为政治合格、军事过硬、作风优良的人才。这是军校教育和军事教育的根本区别。所以,我们说军校教育是有目的地促进学员素质全面发展,以适应军队建设需要的实践活动。军校教育学就是要研究这种活动的现象和规律。

二、军校教育学的逻辑起点

明确了军校教育学的研究对象,就为建构军校教育体系打下了基调,奠定了基础。在此基础上还应找出其逻辑起点。所谓逻辑起点,指的是标志一门学科起点与主线的客观抽象。它是整个学科体系中最原始、最一般的范畴,它不以任何东西为前提,也不以任何东西为中介,它本身就是学科的根据,包含着有待展开的诸方面理论范畴的胚芽。在学科体系中,它是一根主线贯穿始终,把许许多多理论范畴串起来,使学科体系具有系统性、相联性和层次性,而不是一种知识的堆砌和拼凑,使整个学科体系成为合乎逻辑的延伸和展开。因此,在建构军校教育学体系时必须从许多理论范畴中找出它的逻辑起点。我们认为,军校的逻辑起点就是学员素质。

自从人类进入阶级社会以后,战争成为不可避免的经常现象。而进行战争的主体是军队,军队构成战斗力的基本要素是人和武器。这就是说一支军队要能够有效地进行战争,它需要有精良的武器装备,更需要有能够驾驭武器装备的人。人是具有自觉能动性的特殊物质,在战斗力中起主导作用。武器是人研究和制造的,武器效能发挥的程度也是由人的因素决定的。只有提高人的素质,实现人和武器的结合,才能形成现实的战斗力。而人的素质的提高则有赖于教育训练。其中各级干部和各类专门人才的训练则主要依靠军校。这就决定了军校教育的主要任务,就是从学员原有的基础和身心发展的特点出发,使他们的素质得到全面发展,逐步适应军队建设的客观需要,用以满足战争和军队建设在发展中不断对军事人才提出的更高要求,更好地实现人和武器的结合。

  军校学员素质的提高,不单是一个掌握军事理论、军事技能问题,而是有赖于学员的知识、智能、品德、体魄和心理素质的全面发展。为此,军校就要担负起提高学员知识、智能、品德、体魄和心理素质的重任。这个重任是通过一系列教学、训练、教育、养成、管理活动来实现的,由此形成了教学、训练、教育、养成、管理等一系列理论范畴。而军校教育学则是围绕提高学员素质展开的,它是一根主线贯穿军校教育活动的全过程,存在于军校教育学研究领域的一切矛盾之中,是军校教育学研究领域最原始、最一般的范畴,它包含着军校教育学其他范畴的胚芽。军校教育学其他理论范畴的研究都是由提高学员素质引发出来的,是它的合乎逻辑的延伸和展开。所以说,学员素质是研究军校教育学的逻辑起点,是构建军校教育学体系的轴心。它使军校教育学体系有了主线,有利于理顺学科体系内部各部分内容之间的逻辑序列,使结构更加合理,条理更加清楚,联系更加紧密,最终形成一个严谨的逻辑体系。

  找出了军校教育学的逻辑起点,我们就可以从分析、提高学员素质入手,揭示军校教育中一切矛盾的萌芽,揭示军校教育的一般规律和军校教育学的一系列理论范畴。一般来说,军校教育学要研究学员素质问题,首先要从总体上考察社会的政治、经济、文化,特别是军队建设、未来战争对学员素质的需求和制约;考察军校教育的主体、客体、目的、手段之间的关系,揭示军校教育的本质和基本规律,以及由此而确定的办校方针、办学思想、教育体制。然后再分别考察促进学员素质提高的各种活动。因此,军校教育学的逻辑序列应是"先总述,后分述"。

三、军校教育学的研究领域

  建构军校教育学体系,要明确其研究对象,正确地选择逻辑起点,还要在此基础上研究军校教育学的研究领域。研究领域是研究对象的具体化和体系化,它规范了研究对象的范围,同时也规范了学科体系的范围。学员素质这个逻辑起点贯穿于研究领域之中,研究领域是逻辑起点的自然延伸和展开。

我们认为军校教育的研究可分为五个领域:

(一)对办学理论的研究

对办学理论的研究,也就是对军校教育的基本理论问题的研究。它首先要从研究军校教育的产生和发展入手,确立军校的战略地位,明确军校教育的任务在于提高学员素质,造就军事人才。要研究什么是军校教育,揭示军校教育的本质,把军校教育与非军校教育区别开来,把握其特点。要研究军校教育与社会政治、经济、文化的关系,军校教育与战争和军队建设的关系,军校教育与学员身心发展的关系,揭示军校教育的基本规律。研究党委、军委为指导军校教育而制定的办校方针、办学思想,以及军校教育体制、教育者、教育对象,为军校教育活动的展开提供直接依据。军校教育学只有正确地回答了上述问题,才能为其他领域问题的研究奠定理论基础,起指导作用。

(二)对军校课程理论的研究

课程问题是军校教育的核心。它一头连接并受制于办校方针、办学思想和培养目标,是培养人才规格的具体体现,另一头连接并制约着教学的方式方法,有怎样的课程,就决定着采用什么样与之相适应的教学形式和方法。因此,课程既是沟通宏观教育目的和微观教学活动的桥梁和纽带,又是教员教和学员学的主要对象和基本依据。课程编制得是否科学,内容规定得是否合适,直接关系办学质量的高低和培养目标的实现。

(三)对军校教学理论的研究

学员素质的全面发展,是通过一系列教学活动来实现的。教学活动是军校最基本的实践活动,是实现军校教育目的的基本途径,因而要重视对军校教学理论的研究。要借鉴现代教学理论,分析研究军校教学的实践经验,揭示军校教学过程的本质和规律,对军校教学原则、教学方法加以理论概括,使军校教学理论得以丰富和发展。

(四)对学员教育、养成理论的研究

培养德、智、体全面发展的学员,这是办校方针规定的,而培养全面发展的人才,离不开教学和训练,同样也离不开教育和养成。通过思想教育、养成教育和体育,提高学员的政治觉悟,促使其形成科学的世界观和革命的人生观,使学员具有坚定的政治方向、高尚的道德品质、献身国防的思想、高度的组织纪律观念、庄重威武的军容仪表和坚强的体魄。

（五）对军校教学管理理论的研究

教学管理是军校教学领导者和管理人员为实现教育目的，对教学工作进行计划、组织、指挥、协调和控制的一系列活动。它是军校管理的中心环节，支配着军校的其他各项管理工作。离开教学管理，教学工作就难以顺利进行，军校教育的内部关系就会发生混乱，影响人才培养目标的实现。因此，对教学管理理论的研究是军校教育学的重要内容。

上述研究领域是军校教育学必不可少的内容，这些内容就是形成军校教育学体系的依据。

思 考 题

1. 简述教育的基本要素及其关系。
2. 试析近代教育的发展特点及其历史意义。
3. 结合实际，谈谈你对军校教育学发展的认识。

第二章 学 生

🞿 **本章提要**

　　学生既是教育的对象,又是教育的主体,研究和探讨学生的本质以及学生学习的特点,不仅是教育学最根本的任务,同时也是提升学校人才培养质量的根本需求。本章首先阐述了学生的内涵、本质属性,分析了学生身心的发展性以及学生身心发展的不平衡性,提出教师实施因材施教的必要性。在此基础上,从学生学习的概念、特点以及现代学生的学习问题三个方面深入探讨了学生的学习。与此同时,结合军队院校学员学习规律和学习的特殊性,分析了军队院校学生自主学习影响因素及如何培养军校学员自主学习能力等问题。

第一节 学生的本质

一、学生的内涵

　　随着教育教学实践的深入发展,我们越来越深刻地认识到:了解学生,认识学生,是教育教学活动顺利开展的前提条件,特别是在智慧教育环境下,学校要提高教育教学质量,促进学生全面发展,必须研究学生、分析学生,这也是学校教育的出发点和归宿。

　　学生,顾名思义,就是从事学习活动的人。关于学生的内涵,《中国百科大辞典》如是界定:"学生一般指在各级各类学校和研究机构中学习的儿童、少年和青年。"从《中国百科大辞典》对于学生的界定我们可以看出,学生是学校和研究机构的重要组成部分,是学校和研究机构的教育对象,学生的主要任务是学习,他们是从事学习活动的一个特殊群体。具体来说,学生的内涵有广义和狭义之分。广义的学生,是指处于学习状态中的所有人,无关年龄。随着终身学习理念越来越深入人心,同时伴随着学习模式的多样化发展,特别是泛在学习的兴起,使得今天的学生的外延不断扩大,上至耄耋之年的老人,下至牙牙学语的婴幼儿,都可以是学生。因此,在现代社会,学生不仅包括各级各类在校学习的学生,也包括以各种形式开展学习的学习者。狭义的学生,是指在各级各类学校里学习的人,是学校教育活动过程中的受教育者。本书研究讨论的学生主要是指处于学校场域中,以学习为根本任务的广大青少年和儿童。他们既是学校的教育对象,也是教师教学活动的对象。一方面,学生处在成长发育之中,需要通过学习掌握科学文化知识,从而实现全面发展;另一方面,学生的学习又是在教师有目的、有计划、系统的指导下进行的,需要充分发挥教师的主导作用,才能实现学生个人的成长。

二、学生的本质属性

学生首先是人,具有人的一切属性,同时,作为教育活动中的学生,又有其特殊性,具有与众不同的特性。学生在进入学校之前,并不是一张"白纸",每个学生都带着原生家庭、生活环境给他们带来的深刻影响,因而要求学校和教师把握学生的差异性,探讨学生的特殊性,因材施教,尊重和保护学生作为人的权利和义务,无论在人格上,还是情感上,都给予足够的关怀和爱护,促使每一名学生都可以成人成长,实现个人的充分发展。

(一)学生的发展性

发展性是学生的根本属性,也是教育实现的前提条件。学生的发展是指学生在身体和心理等方面发生的积极变化,主要包括身体发展和心理发展两大主要部分,二者相互依存,相辅相成,身体的健康发展是心理发展的基础,心理的正常发展有利于身体的发展。在学生迅速成长的过程中,无论是学校教育还是家庭教育,都需要在强调学生身体健康发展的同时,关注学生的心理发展,尤其当今的学生,相对于以前的学生来说,他们所处的学习环境和社会环境都发生了翻天覆地的变化,学生出现心理问题的频率越来越高,影响了学生的正常发展。

1. 学生的身心发展

学生时代处于身心迅速发展的时期,学生时代的身心发展是人身体和心理发展的集中代表。身体发展包括身高的增长、体重的增加、骨骼构造发生变化、神经组织的变化等方面。学生身体的发展随着年龄的增长而变化,呈现出明显的年龄特征和性别差异。依据学生身体发展速度的特点和基本趋势,可以将学生的身体发展分为三个时期,分别是快速增长期、慢速增长期和稳定增长期。不同时期身体的发展变化会引起学生心理的变化。学生的心理发展是儿童向成人转变的过渡阶段,包括学生认知、情感、意志、自我意识等方面的发展。这个阶段是人生中独一无二的阶段,处于这个阶段的青少年具有不稳定的情绪,有迷茫,有朝气,常常会出现让教师和家长不可预知的举动。青少年学生处于人生的关键期,这个时期在人的一生发展中发挥着重要影响,因而,学校教育和家庭教育都要在全面理解青少年心理发展规律的基础上给予正确的引导和教育。

2. 学生身心发展的特征

学生的身心发展是指学生在发展过程中,在生理和心理方面所表现出来的不同特征。随着学生年龄的增长,学生的身心特征发展表现出明显的阶段性差异。本书借鉴教育心理学对学生不同发展阶段的划分及其特征分析,将学生的身心发展分为童年期(相当于小学阶段)、少年期(相当于初中阶段)、青年期(相对于高中阶段),研究不同年龄学生身心发展的特征。

(1) 童年期:顺从期

童年期的学生主要处在小学阶段,年龄一般在6~12岁,这个时期的儿童比较天真,同时,随着身心的快速发展,他们也表现出较大的差异性。首先,在身体方面,身体外形变化明显,身高增长迅速,女生身高每年平均增长4~7厘米,男生身高每年平均增长5~7厘米。从入学到毕业,无论男生还是女生,身体方面都发生了明显的变化。其次,在心理方面,小学阶段心理发展很快,尤其是智力和思维能力。这个时期的儿童心理有很强的可塑性,对老师、家长和长辈表现出非常多的尊崇和模仿,心性比较天真、直率。

童年期的身心发展特征要求学校教育和家庭教育相互配合,探索科学的教育教学方法:

① 在学习方面。小学阶段是习惯养成的关键期,需要家长和老师相互配合引导孩子养成良好的学习习惯,同时,引导学生使用正确的学习方法,能针对不同的教学活动采取灵活的学习方法,教师可以有意识地引导学生探索适合自己的学习风格,形成适合自己的学习模式。

② 在性格养成方面。小学阶段学生的性格特征基本上已经初步形成,学校教育要关注学生性格特征的差异性,针对不同性格的学生采取不同心理教育方式,引导学生充分发挥性格中积极的特征,培养学生良好的心理品质。

③ 在学习态度方面。学生的学习态度影响课堂教学质量。学习态度是指学生对学习较为持久的肯定或否定的行为倾向或内部反应的准备状态,是学生通过学习形成的影响个体行为选择的内部状态。学习态度会对学生的心理和行为产生深刻的影响,具有十分重要的功能。首先,学习态度具有价值表现的功能。个体的态度与所持有的价值观紧密相关,价值观不同,态度也会不同,个体的价值观往往可能通过态度表现出来。其次,

学习态度具有调节功能。一般而言,积极的学习态度容易产生积极的学习行为,而消极的学习态度则容易产生消极的学习行为。最后,学习态度还有过滤的功能。学习态度的三大功能决定了学习态度对学生的学习具有不可忽视的作用。培养科学合理的学习态度,是学生学好的保障。科学的学习态度不是与生俱来的,而是个体在后天的社会生活中与周围环境相互作用时不断积累各种经验的基础上形成的。小学阶段是端正学习态度的关键期,教师应该遵循学习态度形成变化的规律,培养小学生科学的学习态度。

(2) 少年期:多惑期

少年期是指人十一二岁到十四五岁阶段,是个体从童年期向青年期过渡的阶段。少年期处于初中学习阶段,相对于小学生的顺从,初中生开始有了自己的独立意识,同时又不具有完全独立的能力,处于独立性与依存性并存的阶段,使得青少年期充满矛盾和叛逆。这一时期是人生发展的第二次高峰,身体和心理均会发生急剧变化。在身体方面,身体外形发生明显变化,第二性特征开始出现,男生、女生差别越来越大,女生12岁左右进入成长最快期,男生14岁左右进入成长最快期。身体的显著变化,促进着心理的发展,少年期的学生开始注意与异性同伴的交往,注重个人形象。随着年龄的增长,少年期的学生逐渐萌发"成人感",感觉自己长大了,渴望来自家长、教师的尊重,希望被当成"大人"对待,而不再是孩子。该时期的学生出现半成熟、半幼稚的特征,希望尽快摆脱童年时的幼稚想法,寻找全新的社会角色,同时在情绪方面也比较的不稳定,处于矛盾、多惑时期。

① 在学习方面。初中阶段的学习,相对于小学来说,学习难度提高很多,学习科目也增加了,学习活动更加丰富多彩,促进了中学生认知水平的不断发展。同时,学习面临很大的压力,初中学习结束后,将面临人生的重大考验:初中升高中的选择。少年期学习的特点要求教师和家长积极关注学生的变化发展,引导学生合理安排学习时间,正确对待压力和选择,形成适合自己的学习风格。

② 在自我意识方面。初中生最显著的就是自我意识开始发展,开始关注自我的内心世界,已经学会了自我观察、自我评价与自我反思。初中生已经褪去了儿童时期的直爽、坦率,一方面,希望作为一个独立的个体存在,不再盲目相信"权威",渴望独立,自主找寻问题的解决方式。另一方面,初中生又希望得到别人的理解和尊重,对于父母的过度照顾极力反抗,表现出逆反心理和行为。这个阶段的家长要学会放手,试着让孩子独立解决和处理生活与学习方面的一些问题,引导自我意识发展,培养初中生的独立能力。

③ 在学习积极性方面。学习积极性是指直接推动学生学习的内部动力,是激发学习、维持学习并将学习指向某一目标的原动力。学习积极性由多种心理成分构成,其基本成分是学习需要、学习动机、学习态度和学习兴趣。同时,它又受多种因素制约,并随

着这些制约因素的变化而变化。具体而言,影响初中生学习积极性的有两大因素:一是外部因素。外部因素是指学习环境,包括校园文化、教师以及家庭教育等因素。二是内部因素。内部因素是学生自身对学习积极性的调动,包括学习动机、学习态度、学习兴趣等因素。学习积极性具有潜在性,一旦被调动起来,就会对学习活动产生巨大的推动作用。初中生学习压力增加,情绪上属于"动荡期",在学习方面很容易出现这样那样的问题,因而需要家长和教师耐心引导,调动学生的学习积极性。

(3) 青年期:稳定期

青年期是人的一生中最重要的阶段,此时的个体在心理、身体和社会性上都接近成年人了,自我独立性增强,能够在理性的基础上做出判断,可以结合自己的特性风格选择自己的发展道路,同时,高中生也会意识到自己由于年龄的原因,还缺乏一定的社会经验,与初中生相比,这时候的孩子会以积极的态度听取长辈的建议。青年期的孩子有较强的自尊心,渴望展现自我、实现自我,关注自我个性成长,能够更客观地认识自己的优点和缺点。这一阶段能否顺利发展,直接决定着成年后个人的生活和发展状态,影响个人生活质量的高低,因而需要家长和教师的适当引导,促进学生顺利完成学业。

3. 影响学生身心发展的因素

影响学生身心发展的因素有很多,既有客观方面的原因,也有主观方面的原因,客观上的原因主要有先天性因素、个人成长环境和教育,主观原因主要体现在个人主观能动性的发挥程度上。

(1) 客观因素

第一,先天性因素。先天性因素,也称生物学或遗传因素。遗传是指生物繁衍过程中,亲代之间某些生理特征通过基因的作用传递给下一代的现象。遗传为个体的身心发展提供了可能性。通常来说,能够被遗传的包括体型、体重、身高和五官等方面。同时,也包括某些特殊的能力和疾病。先天性因素对人身心发展的影响具有阶段性的特征,个体不同发展阶段受遗传影响的程度具有差异性。一般来说,婴幼儿时期受遗传影响较小,随着个体的成长,遗传的影响逐渐增强。

第二,个人成长环境。众所周知,每个人都生活在一定的环境之中,是在与环境的相互作用、相互依存过程中逐渐成长的。环境是个体身心发展的外在条件,环境因素决定了个人发展的程度,人所处的历史环境决定了个人所能发展的限度。相对于遗传来说,环境对人的影响主要是间接的,具有很大的随机性,很多时候都是"润物细无声"式的影响。

第三,教育。教育对个体身心发展的影响是巨大的,特别是在现代社会,随着社会和科学技术的深入发展,教育对人自身发展的影响越来越大。教育在个体身心发展所有影响因素中占主导地位,特别是学校教育具有目的性、计划性、系统性,可以根据社会发展需要,有意识地对个体进行系统化的教育,从而有利于个体发展和社会发展。

(2) 主观因素

个体的主观能动性是影响人身心发展的最关键的主观方面因素,是促进人发展的内因。主观能动性是指个体的主观世界对客观世界的反应和能动作用,表现为人的需要、动机、目的和意志品质等方面,是个体发展的必要因素,其他因素的顺利发展要依赖个体主观能动性的发挥。如果个体缺乏内在发展的动力,不愿意或者不积极努力朝向好的方面发展,学校教育和家庭教育将无法发挥作用。因而,无论是家长还是教师在对个体的教育过程中,都要特别重视个体主观能动性的培养,充分激发个体自我发展的内在需要。同时,也要坚持适度原则,不能过分夸大个体的主观能动性在成长过程中的作用,淡化家长和教师在个体成长过程中的作用。

(二) 学生的教育地位

在教育教学过程中,"学生是谁?"的问题一直存在着较大的争议。目前学术界关于"学生是谁?"的问题,具有代表性的观点主要有"教师中心论"和"学生中心论"两种。"教师中心论"认为学生在进入学习之前就如一张白纸,对学生的教育过程中教师起着决定性的作用,可以对这张白纸随意进行涂抹,学生就是被动接受知识的容器,教学过程就是教师向容器灌输知识的过程,教师是权威,学生处于从属的地位。"学生中心论"主张以学生为中心,教育教学的一切活动都要围绕学生展开,所有的教育都要从学生的角度和兴趣、需求等方面出发,教师在教学过程中就是一种辅助的作用。这两种观点都在一定的社会环境中对教育教学产生了不同程度的影响,特别是"教师中心论",长期影响着课堂教学中教师与学生之间的关系。随着教育教学理论的深入发展,这两种观点的不足逐渐显现,忽视或过分重视学生在教学中的地位,都是不科学的,不利于学生身心的健康发展。现代教育学理论认为:在教育教学过程中,学生既是认识的客体,又是认识的主体。

教学包括教师的教和学生的学,教学过程是教师教学和学生学习内在统一的人类知识文化传承的过程。在学校教育中,学生的学习是在教师的指导下,有计划、有目的、有组织地进行的,学生是教育的对象,是受教育者,所以处于客体地位。同时,学生作为独立的个体,是具有主观能动性的人,是教学活动的主要参与者,教师的教必须通过学生积极、主动的学才能发挥作用。学生在学习过程中,通过积累知识,形成自己的经验,逐渐加深对自我的认识,不断促进自我发展。这里需要特别强调的是:学生在自我发展过程中,并不是不加选择地全部接受,而是具有自己的选择性,受自我的主观能动性支配。在教育过程中,学生虽然是教育的对象,但是在受教育过程中,需要学生内因与教师外因相互作用,学生一方面在教师的指导下认识客观世界,另一方面也在学习的实践中主动地改造着自己的主观世界,实现自我发展。

(三)学生的个体差异性

通过前面的讨论,我们知道了学生的发展具有顺序性、阶段性以及不平衡性。同时,学生的发展还具有个体差异性。在教育教学过程中,经常会出现这样的现象:同样的教学内容,相似的教学环境,相同的教师,所教的学生却相差甚远。主要原因就在于处于同一年龄阶段的学生在身心发展方面具有很大的差异性,有的学生在一些方面发展得特别快,有的学生在另一些方面发展得特别快。这种差异性在同龄人中属于正常现象。在教育教学过程中,由于种种原因的影响,学生的这种个体差异常常得不到足够的关注,尤其在一个学生某些方面发展明显滞后,导致学习成绩跟不上同龄人的情况下,不少教师和家长会出现归因偏差,认为是学生不认真和不努力造成的,从而对学生进行不适当的严格要求,这种情况下,不可避免会对学生的身心发展产生很大的消极影响。

学生发展的个体差异性要求学校教育者给予学生足够的关注,因材施教,针对不同类型的学生,采取不同的教学方法,避免出现"一刀切"的现象,帮助每位学生都可以实现自我发展。

第二节 学生的学习

学生的学习是学校教育工作的核心,学校一切教育活动都需要围绕学生的学习展开,学习是教育教学的基础。如何提高学生的学习质量,是各国教育的永恒主题。学习质量是教学质量的最直接体现,也是评价教学质量的最根本依据,学习质量的高低,是教育目的是否实现的最直接检验标准。因而,深入研究和探讨学生的学习,具有重要的理论和现实意义。那么,到底什么是学习?学生的学习是怎样发生的,又是怎样发展的?学习的实现需要哪些条件?学习之后得到了哪些结果呢?回答这些问题的过程,也是对学习本质的逐步探讨的过程。

一、学习的概念

（一）学习的来源

在日常生活中，提起学习，无论老人、成人还是孩子，似乎都能侃侃而谈，但如果要问学习是什么，学习从哪里来，又要往哪里去，可能就要难倒大多数人了。其实，我国古代社会是没有"学习"这个概念的，那时候"学"与"习"并没有连在一起使用，在当时的历史环境下，"学"与"习"分别代表着不同的意思。历史上，最早研究"学"与"习"之间关系的是我国古代著名教育学家孔子，他曾在《论语·学而》中指出："学而时习之，不亦说乎"。从这句话的表述我们可以看出，孔子当时并未将"学"与"习"联系在一起使用，孔子所说的"学"与"习"并不是现代意义上的学习，他阐述了"学"与"习"的相互关系，"学"需要时常的"习"，只有这样，学到的知识才能得到巩固与深化，由此可见"习"的重要性。早在2000多年以前，孔子就强调了学习过程中的知行合一，以及在学习过程中关注情感性的重要性，通过学习，体会到前所未有的价值观和成就感，这才是学习的本质和人类学习的目的。

孔子之后，随着社会的进一步发展，人们需要学习的知识和技能越来越多，学习在社会生活中的地位日益凸显，人们对学习的认识也逐渐加深，在表述方面出现了与以往不同的变化。最早出现这种变化的是《礼记·月令》，在《礼记·月令》中，在描述鹰学习飞翔时，表述为"鹰乃学习"，第一次将"学"与"习"联系起来，这也是"学习"一词的来源。

（二）学习的内涵

学生的学习是一个非常复杂的社会现象，这种复杂性主要体现在学生学习内容的广泛性、学生学习层次的丰富性以及学生学习影响因素的纷繁复杂。鉴于此，从古至今，无论是心理学家还是教育学家，都对学习进行了坚持不懈的探讨和研究，取得了丰硕的研究成果。但关于学习的定义，目前为止，无论心理学界还是教育学界都未达成统一的共识。根据本书编写需要，我们采用目前被大家较为广泛接受的学习定义。

与其他教育概念相类似，学习的概念也有广义和狭义之分。广义的学习概念是指人类在认识与实践过程中获取经验与知识，掌握客观规律，使身心获得发展的社会活动，学习的本质是人类个体和人类整体的自我意识与自我超越。广义的学习概念揭示了以下几点：一是人类的学习活动与动物学习行为的本质区别；二是学习的内容是获取知识和经验，掌握客观规律，并用来指导实践；三是揭示了学习的目的和结果。狭义的学习是指学生的学习,学生的学习是在各类学校规定的特定环境中,按照教育目标的要求,在教师的指导下,有目的、有计划、有组织地进行的,是一种特殊的认识活动。本书所探讨的学习就是学生的学习。学生的学习具有计划性、间接性和高效性等特征。①

二、学生学习的特点

(一)学生以学习间接知识为主

人类的知识分为直接知识和间接知识两大类。直接知识是指人们在亲身参加变革现实的实践活动中直接获得的认识,这种认识的特点是不经过任何中间的环节。间接知识则是指人们虽然没有亲身参加变革某种现实的实践活动,但却通过某些中间的环节(如书刊、音像、讲授等)获得了有关变革这种现实的认识。② 根据学生学习和年龄的特点,学生的学习主要以学习间接知识为主,学生的学习既有时间的限制也有空间的局限,要在短暂的时间内掌握人类现有的科学文化知识,如果要求他们事无巨细都去直接经历和参与的话,基本上是不可能实现的。虽然学生的学习主要以间接知识为主,但并不是说学生不可以学习直接知识,学生学习间接知识是在学生已有的直接知识基础之上进行的,离开学生的直接知识,学生的学习也就无从谈起了。

(二)学习具有目的性和计划性

学生的学习是学校教育活动的重要组成部分,同时,学生的学习又是人类学习中的一种特殊形式,与其他形式的学习不同,学生的学习是发生在特定教育教学环境之下的,是国家根据社会发展需要,依据一定的教育目的,在教师的指导下,有目的、有计划、有组织地进行的。各级各类学校依据学生身心发展的特点,制定符合学生发展阶段的教学计划,在教师的带领下,学生的每项学习活动都具有明确的学习目的和学习任务,同时,学习内容合理,学习时间也比较科学,有利于促进学生的身心健康发展。学生的学习,只有在科学合理的组织下,才能取得良好的学习效果。

(三)学习具有主观能动性

学生是学校教育的主要对象,学生的学习并不是被动地接受知识,学生首先是人,是

---

① 桑新民.学习科学与技术[M].北京:高等教育出版社,2017:84.
② 王言根.会学习:大学生学习引论[M].北京:教育科学出版社,2008:17.

具有主观能动性的人,因而学生在学习过程中具有主观能动性,学生学习的必须是学生自己愿意学、主动学的。教师作为教学的直接参与者,是课堂教学的教育者、引导者和组织者,教师的教学要达到效果,需要调动学生学习的内在动力,主动参与课堂教学,发挥学生的主观能动性,才能达到课堂教学的最佳效果。

三、现代学生的学习

(一)现代学生学习现状

随着社会的发展,现代学生的学习得到了前所未有的重视,从社会、学校到家庭,无不重视学生的学习,尤其家庭教育,对孩子的学习可以说从"娃娃"抓起,担心孩子"输在起跑线"的焦虑,促使父母投入大量的精力在孩子的学习上,同时,在强大的升学压力之下,教师对学生的学习也丝毫不敢放松。在教师和家长合力之下,理所当然,学生应不负众望,取得良好的学习成绩。但事与愿违,在学习过程中,不少学生出现了这样那样的问题。分析原因,主要有以下几点:

1. "满堂灌"的教学方式

在教学中,教师一味地追求把准备的教学内容讲完,把提前设定的教学方法和教学技巧在教学过程中实施,忽略了学生在学习过程中的感受,忽略了教学对象——学生的"学",缺少与学生的互动和沟通,原本相互依赖的教与学,被教师人为地分割了,教师和学生为什么走到一起,很少有教师思考过,学生学习这门课的目的是什么也没想过,现在的课堂教学,教师和学生都在辛苦地努力着,承受着不同的压力,可就是教学效果不佳。出现这种情况的原因其实很简单,教师没有明确的教学目标,"满堂灌",导致学生不知道学什么,为什么学?学了有什么用?教师的一再忽视,让学生没有存在感,有我没我,你的课一样上完,我可以来,也可以走,若你非要留我,我听听也无妨。这样的教学形势下,所谓的"教学相长",所谓的学生成长,都成为不可实现的空想。

2. 教师教学机智的缺失

教学机智,简单地说就是教师驾驭课堂教学的能力,具体来说,教学机智是指在教学过程中,出现了教师没有预设的意外情况,教师可以快速做出反应,不慌不乱,及时有效地解决问题的能力。课堂教学的对象是具有主观能动性的学生,所以,尽管教师在课前预设了教学过程,设计了教学内容,但是还会出现这样那样的意想不到,面对这些"意想不到",要求教师必须创生出各种各样的应对措施,其中可能有精彩的,也可能有失败的,因为具有冒险性,让不少教师避之不及,这是课堂教学机智缺乏的一个不可忽视的原因。

同时,教学机智侧重于教师的临场发挥和全局的掌控能力,这也是导致很多教师不敢尝试的原因之一。教师一味地追求课堂教学的按部就班,一方面束缚了教师教学机智的培养和发展,另一方面,导致课堂教学平静如水,学生不愿意参与课堂教学,不愿意积极思考教师教授的内容,只是安静地听讲。教师不鼓励学生"发难",即使学生"发难"了,教师也想方设法回避,担心影响教学进度,也担心自己当着学生的面出现尴尬的情况。这就很难调动学生学习的积极性。

(二)现代学生学习状态的改善

1. 教师:树立"以学生为中心"的教学观

大学教师作为课堂教学的组织者和实施者,对于有效教学的实现可以有所作为。有效的教学以学生的学习为核心,强调教师要树立"以学生为中心"的教学观。"以学生为中心"的教学观要求教师首先要树立"以学生为中心"的备课。教师备好课是上好课的基本前提,"课堂一分钟,课前十年功"说明了备好课的重要性。可以说有什么样的备课,就有什么样的课堂教学。"以学生为中心"的备课要求教师备课时要了解教学对象的特点,对学生原有的知识水平要有一定的认知,同时要时刻清晰地认识到学生学习这门课程的目的,选择有利于教学目的实现的教学内容和教学方法。其次是"以学生为中心"的课堂教学。课堂教学是实现"以学生为中心"的主要场所。因而,教师一方面要营造适合学生学习的教学环境,向学生明确教师所确定的课堂学习目的,让学生知道"学什么",同时还要引导学生采取正确的学习方法,让学生知道"怎么学";另一方面,教师也要对教学所要达到的目的以及为此所做的计划有清晰的认识并可以清楚地表达出来,明确"教什么",同时也要采用适合教与学互动的教学方法和教学手段,充分利用"板书"和"幻灯片"的优势,明确知道"怎么教"。这样的课堂教学,才能实现"教学相长",才是有效的课堂教学。最后是"以学生为中心"的课堂管理。课堂管理是课堂教学顺利实施的保障,教师要在"教师主导,学生主体"的教育管理理念指导下,灵活运用教师的教学机智,创造学生可以提出问题的课堂管理环境,充分调动学生学习的积极性、主动性,发挥学生在学习中的主体地位,以学生的学习为中心,充分实现管理育人的功能。

2. 学生:积极主动参与课堂教学

"以学生为中心"的主体和受益者都是学生,所以要践行"以学生为中心"的教育理念,需要学生的有效配合。对于学生来说,首先要树立正确的学习观。学习观是学生对学习内容、学习方法、学习目的等方面的基本观点和认识。学习观对学生的学习至关重要,它将影响学习动力、学习态度和学习意志等方面,是学生持续不断学习的保证。就军校学员来说,要加强自身的思想政治学习,树立正确的价值观,明确知道自己学习的目的不是简单的考试得满分,而是要有能力应对将来瞬息万变的军事环境。因而在学习中要积极主动地学习,不能简单应付,杜绝考完试学习就结束了的心态。其次,要有正确的学习方法。"以学生为中心"的课堂教学要求学生主动参与课堂学习,学生是课堂教学的主体,因而学生在课堂互动中不仅要动手还要动脑,这对学生提出了很高的要求:学生不能再简单地采取以死记硬背为特征的表层学习法来应对学习,而是要以寻求对观点和意义的理解为特征的深层学习法来学习。学生的学习方法虽然受他们先有的教育背景和个人成长的影响,但是教师可以通过改变学习环境来改变学生的学习方法,因而,学生正确学习方法的获得,除了学生自身的努力外,教师的重要性也不容忽视,教师可以营造有利于采用深层学习法的学习环境,鼓励学生采用高质量的深层学习法。

3. 教学评价:评价教师和学生皆"以学生为中心"

在"以学生为中心"的课堂教学中,教师和学生都做出了努力,但是如何评价并肯定教师和学生的努力,将是"以学生为中心"的课堂教学实现的关键。评价得当,对教师和学生是一种激励,而评价不当,会打击教师"教"的积极性和学生"学"的积极性。因而,"以学生为中心"的课堂教学要求对教师和学生做出合理的评价。首先,对教师要以学生的学习质量来评价教师的教学效果。要对教师的教学做出正确的评价,我们首先要厘清什么是有效教学。有效教学包括以下几个方面:一是教师能始终清晰地认识到课堂教学中学生对所处学习情景的反应并及时做出调整;二是教师能深刻地把握教师与学生之间的相互依赖性并能很好地实现"教师主导,学生主体";三是教师能意识到每个学生之间的差异性并采用多样化的教学方法;四是教师能对学生的学习效果进行评估并依此改进教学。教师的"教"是为了学生的"学",所以在评价教师的教学质量时必须考虑学生的学习质量。正确合理的教师评价应该是以有效教学的实现程度为衡量标准,以学生在课堂上的学习质量为评价内容,这样的教师评价才是"以学生为中心"的评价。其次,对学生要以学生学到的知识和发展到的能力来评价学习的效果。"以学生为中心"的课堂教学要求对学生进行评价时,要杜绝"唯分数论"的评价方式。首先,要评价学生学到的知识。学习知识是学生课堂学习的首要任务,任何时候我们都不能忽略学生知识的学习,因而,在对学生的学习效果进行评价时,要关注学生学到了什么,这也是考试的主要目的,我们不提倡"唯分数论",但不反对考试,合理的考试是评价学生学习成果的有效形式之一。其次,要评价学习发展到的能力。"以学生为中心"的课堂教学体现的是学生获得知识和发展能力的和谐统一,学生在学习知识的过程中发展了能力,在能力的发展中提升了知识水平,这才是有效课堂的真正实现。因而,在对学生的学习效果进行评价时,要实施过程性评价,对学生在课堂上参与学习的能力、提出问题时的创新能力、小组合作时的合作能力等做出评价,促进学生能力的全面发展。

第三节　军校学员的自主学习

随着教育信息化和终身学习理念的深入发展,大学生要学会学习已经成为教育学家的共识。学会学习,本质上就是学会自主学习。培养军校学员的自主学习能力是提高军队院校教学质量,实现为战育人的途径。

一、自主学习的内涵

对自主学习的理解,学界并没有达成共识。比较具有代表性的观点有:著名学者班杜拉认为,自主学习的本质是通过学习活动的设计、预期与现实之间的比较、评判来对学习过程进行调控的行为;我国学者董奇认为,自主学习是为了顺利达成学习目标,提高学习效率,通过各种路径与手段对进行的学习活动展开各个环节的自我调节的过程;心理学家齐莫曼认为,自主学习不是单纯的技巧性学习,它是学习者心智技能转化为学习技巧而执行的自我控制的过程,其中,学习过程体现为一种自觉、主动的意识,学习者需要及时调整自身的认知、情感和行为。虽然各个学者对自主学习的定义和理解不尽相同,但其主旨思想基本趋同,不论将自主学习看成是动态的或是静态的,自主学习始终具有自觉性、主动性、协调性等典型特征。①

1. 主动性

与传统的被动学习相比,拥有自主学习能力的学员,无论在课堂教学过程中,还是在课后作业完成的过程中,都能够积极、主动、自觉地学习,合理安排学习时间,具有明确的学习目的,对学习风格和学习状态也有着正确的理解。

2. 独立性

所谓自主学习,从某些方面来说,就是说学员自己可以独立学习,学习中不依赖他人的监督,能够独立完成学习任务,即使在学习过程中遇到困难,也可以独立自主地完成,自己可以独立地选择学习的内容、时间,并可能独立地进行学习活动。

3. 自律性

自律性对学员是否能实现自主学习起着至关重要的作用,它是提高学员自主学习能

---

① 刘颖,沈伯雄.课堂教学中大学生自主学习能力的缺失与重构[J].黑龙江高教研究,2020(2).

力的重要保证。能够自主学习的学员时刻清晰地知道自己学习的目标、怎么学才能达到学习的目标,并且能够时刻做自我监督。这需要学员在进行自主学习时,具有提前理清自己的学习目标、制定科学合理的学习计划、选择适合自己的学习方法、做好学习前准备的能力。同时,在学习过程中,可以对自己的学习过程、学习行为进行自我觉察,适时进行自我调节;在学习活动结束之后对自己的学习结果进行反思和自我评价。

4. 高质量

高质量的学习是自主学习能力强弱的直接体现,如果学员可以自主学习,但是学习效果很差,我们可以说他不具有自主学习的能力。自主学习的高质量是指学员可以协调好学习系统中各个要素对学习所起的积极作用,并能确保自己具有较高的学习质量,这样的学习,才能算得上自主学习。

5. 相对性

军校学员学习具有特殊性,他们大部分时间都属于集体活动,能够自己自由支配的时间很少,因而他们的自主学习是相对的,不是绝对的。

二、军队院校学员自主学习影响因素分析

(一)内部因素

1. 学习观

学习观是学员对学习"是什么"及其学习过程"怎么样"的根本观点和理解,是从小到大逐步形成的具有稳定性、系统性的观念和态度。问卷调查显示,生长军官学员中存在两类截然不同的学习观:一类是学习者关注知识本身,强调学习是获取客观信息的过程;另一类是学习者关注知识的意义,强调学习是自我发展的过程。生长军官学员倾向于应用知识学习观,并且在学业上存在极其显著差异。学业不良者认为学习不应只是对知识的记忆,而应在学习过程中提高综合能力、解决问题的能力,并实现自我发展。但是与学业优秀者相比,在应用知识学习观的认识上程度较弱。当教员对教学内容的目的,如何应用于实战,如何解决问题讲解得特别清晰时,学员学习兴趣会得到提高。反之,不少学员自己不能很好地运用知识解决问题,学习动力、学习兴趣便会降低。有生长军官学员说,"对于学习目的,依然存在迷茫性"。因此,在对学员进行教学时,要充分讲解学习的目的,促进学员树立正确的学习观。

2. 学习策略

学习策略是指学生学习过程中有计划、有目的地影响自我学习效果的活动,是学员

在学习活动中用以提高学习质量的活动的总和。学习策略主要有两种形式,一种是深层学习策略,另一种是浅层学习策略。深层学习策略包括积极主动思考和科学管理时间维度,采取深层学习策略的学员在学习过程中可以做到主动思考,科学有效地管理学习时间;浅层学习策略包括死记硬背、考试突击和消极学习三个维度,采取浅层学习策略的学员主要采用死记硬背的学习方法,考试考什么就学什么,学习注意力涣散等消极学习现象比较明显,学员在学习过程中很被动,基本上不会自主制定学习计划,相对来说独立学习能力很差。

调查发现,在"主动思考"和"时间管理"两个维度和"深层学习策略总分"上,学业不良学员得分都显著较低。可见,学业不良学员在学习时想问教员的问题少,阅读时不太主动理解作者意图,不习惯将教员所讲内容与先前所学内容联系起来理解,相对不会思考和质疑,不注重得出自己的想法。在时间管理上,提前预习、合理安排学习时间、规划时间能力较弱,倾向于考前突击,而不是平时坚持学习。在"努力记忆""考试导向"和"消极学习"三个维度以及总分上,学业不良学员得分均显著较高。在学习中,如果遇到不理解的问题,学业不良学员倾向于反复背诵,学习过程中希望教员直接告诉考试重难点,上课或阅读时更容易走神等等。以考试维度为例,在开放题中,学员都谈到了对考试的看法。学业不良学员在谈到考试时,更多的是希望教员直接告诉重难点,学习以考试内容为导向,而学业优秀者谈得更多的是考试环境,认为考试是一种形式等等。

3. 学习动机

学习动机是指推动学生学习、引导和维持人们进行学习活动的一种内部心理过程或内部驱动力。学习动机既可以作为教育的目的,也可以作为教育的手段,激发学生的学习动机是教育目的之一。学习动机可以分为内部学习动机和外部学习动机。内部学习动机是指由个体内在学习需要引起的动机,如为了寻求挑战和乐趣,满足好奇心而参与活动,无需外力作用,无需外部的奖励和报酬,学习者就能获得满足感。外在学习动机是指个体由外部诱因所引起的学习动机,外部诱因来自学习者本身以外的因素,如奖励、他人认可、通过考试避免惩罚等。[1]

调查结果发现,学业不良学员在内在学习动机方面比外在学习动机得分要低,且存在极其显著差异。可见,对学业不良学员来说,学习只要能通过考试就可以了,对学习兴趣不大,而且觉得没有必要学习考试范围之外的东西。比如,有学业不良学员说"感觉学好学坏一个样",没有足够动力,他们更倾向于通过外因来激发学习,很少自主进行学习。

---

[1] 朱文彬,等.高等教育心理学[M].北京:首都师范大学出版社,2007.

（二）外在因素

1. 教员

军校教员是影响生长军官学员自主学习的关键因素。在自主学习的复杂过程中，不仅需要生长军官学员的自主性和能动性，还需要在外部一定文化氛围下创建一种适合生长军官学员自主学习的支撑保障条件，如军校教员的帮助与引导。教员对生长军官学员自主学习的影响主要体现在两个方面：一是教员"教什么"，也就是课堂教学内容。教员在课堂上应该教给学员什么？在很多教员看来，这好像是一个非常简单的问题，殊不知，这个问题若解决不好，将影响学员的学习质量。教员照本宣科，所教内容缺乏新颖性，教给学员的几乎是静止的、唯一的、绝对的、封闭的以教师自己熟悉为特征的知识，这样的课堂教学，忽视了学员对新知识的渴望，挫伤了学员学习的兴趣和积极性，不少学员觉得上课没意思，上课成了最大的负担，导致课堂教学质量低效，不利于学员的自主学习。二是教员"怎么教"，即教学方法的问题。包括教员怎么导入新课、怎么呈现新内容、怎么向学员提问、怎么讲述新课等。怎么教，教的效果如何取决于教员的教学能力，所以，怎么教的问题也就是教员的教学能力问题。教学能力水平高的教员可以很好地驾驭课堂教学，无论是教学方法的使用还是教学知识的讲授，都如行云流水般自然，很容易调动学员自主学习的积极性。反之，教学水平低的教员教学方法单一，讲授照本宣科，很容易引起学员的厌学情绪。

2. 课堂学习环境

课堂是学员进行学习的主要场所。课堂主体包括教员和学员。课堂教学环境中，教员是否注重以学员为中心，能否与学员进行高质量的沟通交流，教学组织是否科学高效等，都会影响学员学习效果。对此，我们将课堂学习环境分划出四个维度："学员为主体""缺乏师生交流""教学组织"和"课程内容"，据此进行问卷调查。

通过问卷调查发现，在"学员为主体"方面，学业不良者得分较低。在"缺乏师生交流"方面，学业不良者得分高于其他因素。在"教学组织"方面，学业不良者得分较低，同样，在"课程内容"方面，学业不良学员得分也比较低。

可见，在同样学习环境下，学业不良学员对课堂学习环境的控制力比较差，特别在"缺乏师生交流"和"教学组织"两个维度。更多的学业不良学员认为上课时很难与教员进行交流，很少从教员那里得到有用的建议和反馈，对上课内容经常感到难以理解；认为教员教学准备不充分，讲课不清楚，评价不公正。对课堂学习环境的不良感知，挫伤了学员自主学习的积极性和主动性。

3. 教学管理

管理可以育人,同时,管理也可以毁人,无论是教员教的质量,还是学员学的质量,都需要科学有效的管理作为保障。教学管理对学校整个教学系统起着计划、组织、指挥、协调、控制和反馈的作用。教学管理虽然属于影响教学质量的外部因素,但是教学管理对教学质量的影响程度是不可低估的。首先,它是院校教学工作正常运行的基础。教学过程中教室的安排、教学设施的保障和教学人员的组织等都属于教学管理的范畴,若没有教学管理这一基础,正常的教学工作就无法顺利开展。其次,它能够促进教员不断发展提高。科学有效的管理,能保证教师在教学活动中获得有益的锻炼,加速其专业素质、教学水平的发展和提高。再次,教学管理是教学质量提高的有效途径。这表现在以下两个方面:一是有效的教学管理促进了教员专业素质和教学水平的提高,这是教学质量提高的关键因素。二是通过教学管理手段推广成功的教学经验和科学的教学方法,可以促使教学质量提高。最后,教学管理直接影响学员的素质和育人目标的实现。良好的教学管理,有助于引导教员全面认识教学工作,正确处理教与学的关系,从而保障学院教学质量的提高。

三、军校学员自主学习的发展

(一) 提高军校学员自主学习能力的总体思路

目前,军队院校的课堂教学中,传统课堂教学存在的问题还不同程度地存在,教学过程中占据课堂教学方法的依然还是教授法,课堂气氛沉闷,学生难以参与教学过程,这些因素是学员学习处于被动状态的主要原因。在新形势下,军队院校作为军事人才培养的主要阵地,担负着为部队输送新型军事人才的重任,现在的课堂教学不利于学员自主能力的培养,转变传统的课堂教学方式迫在眉睫。

1. 军校教员

教员需要在开设某门相关课程之前,主动了解学员已有学习经验,依据学员的需求设定课堂教学目标,满足学生对该课程的期望。此外,在教学实践过程中,教员应充分关注学员的兴趣点所在,引导学员积极参与实践教学,培养学员独特的思维,在课堂讨论的氛围下激发学员头脑风暴,创造出新颖的观点,并对教学实践积极做好总结与反馈工作。

2. 军校管理者

军校管理者应当努力加强学员实践技能的培训。例如,在以往学员学习的过程中只是在教室中听课和看PPT,这与部队对人才的需求存在有巨大偏差。为解决这一状况,教员可以在教学之余开设几节户外活动课,带领学员去实践、去接触所学理论的实际应用领域。另外也可为学员布置课后实践作业,鼓励学员组成3人左右的小组去实践调研。然后自己整理考察结果,撰写实验报告,并制作PPT组织课堂或课外演讲交流。通过答疑、评价使调研小组能够对其调研过程中存在的不足之处进行改进。通过此类活动来提高学员的综合实践能力。

3. 军校学员

学员在实践中可以努力寻找自己正确的人生目标,促进自己人生观、价值观、世界观的塑造。此外,学员在实践中收获的不仅仅是动手能力的提高,其思辨能力、沟通交流能力也会得到锻炼。

(二)学员自主学习能力培养与提升对策

自主学习能力是存在于学习者身上的一种综合能力,这种综合能力由前文提及的四种能力要素组成,这四部分是相互联系不可分割的整体,它们相互影响,相互依赖,共同协作于学员自主学习的整个过程。对学员自主学习能力发展的指导和培训,不能是一个单一的策略引导,而应该是一个全面的导向,从各个角度出发考虑影响自主学习的各种因素,所以,提升学员自主学习能力的实践策略的指导就是把一个不善于自主学习的人培养成一个善于进行自主学习的人,即把自主学习的新手培养成一个专家的过程。军校阶段对学员自主学习能力的培养至关重要,自主学习能力的培养主体为教学管理者,教员作为重要的教学管理者要树立正确的教学理念,以学员为主体,以促进学员发展为中心,合理设计教学,努力营造适合学员自主学习的学习环境,善于利用一切因素,有意识、有针对性地培养学员的自主学习能力。

(三)军校管理者要树立培养学员自主学习能力的教育理念

军校要确立以学员为主体的教育理念。自主学习是在终身学习的口号下提出的适应当今世界时代潮流的一种学习理念,也是符合军队发展和需要的一种新型的学习方式。它倡导以学员为中心的自主学习的建构过程,这种对知识的建构不能由他人代替。自主学习要求学习是主动的,学习者主动地对外部信息进行选择性的加工,并根据自己原有的认知,对新的信息和编码进行重组,从而达到深度学习。深度学习同样是学习科学理论家们所倡导的一种学习方式。军校要树立正确的自主学习教育理念,摒弃传统以教员为中心,学习就是教员教的过程的理念,改善学员被动学习的局面。教学管理者要引导学员对知识进行主动加工和迁移,教员的角色由主导者变为引导者和促进者,强调学员的主体地位。教员要秉持一种以学员为中心的教学设计理念,在建构主义的教学过程中,充分发挥学员的主动性和创造性。

军校要树立终身学习的教育理念。学习科学倡导的自主学习是多种情境尤其是真实情境中的学习与实践,而且,研究者也发现,在复杂的社会和技术环境中,深度学习更有可能发生。学员在军校内部的学习多为非真实情境的学习,学习者集中于特定的情境,学习的对象主要为人类传承下来的间接经验,学习的最终目的是应用,大多学员离开校园走向真实的战场情境时,头脑中的知识体系并不能灵活地运用于实践操作,当知识主体脱离实践需要的时候,学习者往往表现得无所适从,在社会实践中的自主学习能力多不被认可。军校教育阶段对一般人而言意味着学员时代的终结,当学员走进社会不断面临新的挑战时,自主学习能力对个体就显得非常重要,个体需要具备较强的自主学习能力吸收先进的理念及知识,需要不断进行自主学习来满足社会对个体的高标准化要求,因此,为了不被不断发展的社会所淘汰,就要不断进行自主学习为个体注入新鲜的血液。军校教学管理者作为个体最后学习阶段的引导者,需树立终身学习的教育理念,培养和提升学员的自主学习能力,不断提高个体的学习素养。

(四)军校管理部门要形成并完善自主学习的制度机制

要保障自主学习的顺利进行,必须要有一定的制度作为保障,军校管理制度的改革与完善将为提高学员自主学习能力的目标提供实现的可能和保障。军校管理者应制定并完善相关政策,为促进学员的自主学习营造一个良好的氛围。军校管理部门应该制定相关激励和考核办法,并对教员进行必要的相关培训,使教员们具备指导学员自主学习的成熟而有效的技能。同时,教员也会成为自觉的自主学习者,通过自主学习,不断提高自己的教育教学水平。军校管理者也要鼓励教员应用自主学习的教学模式和教学手段,保证学员自主学习的质量,从而最终实现军校自主学习管理的制度化和常规化。

(五)教员要开展促进学员自主学习能力发展的教学设计

教学设计是教员对课堂教学行为的一种事先筹划,是对学员达成教学目标、表现出学业进步而设置的条件和对情境做出的精心安排。教学设计的根本特征在于创设一个有效的教学系统。有效的教学设计能够使自主学习的教学工作更加科学化,并且在一定程度上促进教员专业发展。教员对教学进行设计,设计的同时分析、规划、实施教学的程序和技能,科学化、系统化地将培养学员的自主学习能力纳入教学计划之中,从自主学习目标的确立,到学习环境的创设、学习过程的设置、对学员自主学习的评价检验等一系列环节的系统考量,一步步有计划地进行,从而使教学活动成为一种技术和程序。教学设计的系统化为有效促进学员自主学习能力的教学提供了前提与技术支持,同时,也为教学工作的科学化、促进教员专业成长提供了有效途径。

1. 教员要确立旨在发展学员自主学习能力的教学目标

教员对于培养学员自主学习能力教学的设计,首先表现在教学目标的设定上。提高学员自主学习能力的教学目标,应主要表现为:第一,要激发学习者的主体意识,提高学员的内在要求,为学员的全面和谐以及长远发展奠定坚实的基础;第二,培养学员的自主能力,包括自我定位、自我规划以及自我调节、自我评价和反思、自我改进等能力,促进自身的发展;第三,要有意识地培养学员的学习能力,学习能力主要包括获取信息的能力、归纳整理的能力、建构的能力、迁移的能力、应用能力、创造能力(知识和策略的生成能力)等。

2. 教员要创设有利于学员自主学习的学习情境

创设情境是教员教学设计的一个重要方面,是培养学员自主学习能力的关键。良好的教学情境,不仅会活跃学员的认知活动,还有利于激发学员的学习兴趣和情感态度。在兴奋和热情的状态下学习能够产生满意的学习效果。所以,教员要创设良好的自主学习情境,激发学员的自主学习兴趣和自主学习动机,从而促进学员的自主学习,产生良好的学习效果。

教员对情境的设置,第一,要营造一种和谐民主的学习氛围,形成教员和学员之间以及学员和学员之间相互尊重、相互理解、相互信任、相互帮助和相互激励的关系。第二,教员教学要采取多种教学手段和教学模式,引导学员愉快的学习情绪,进而促进学员自主学习能力的发展。于2000年兴起的翻转课堂教学模式,经过近些年的实验探究,有效地促进了学员的自主学习,提高了学员的学习效率。翻转课堂是教员提前将学员所需学习的知识制作成视频和音频材料,让学员在家完成学习,课堂则成为教员和学员讨论和互动的场所,学员可以提出在家学习的疑难问题,教员进行引导和解答,从而改变了传统课堂中教员单方传授的局面。在翻转课堂中,教员成为学习资源的制作者和学员学习的指导者、促进者。学员真正成为学习活动的主角,在上课前利用教学视频自主学习,对知识进行初步探索和理解,学员可以主动选择学习的内容,掌握自己的学习时间和地点,决定学习进度,从知识的被动接受者转变为主动参与者。在课堂中,师生交流和学员之间开展小组协作学习的时间得到增加,并且师生之间建立了良好的关系,更加有利于学员的深度学习。翻转课堂对教员的专业素养提出了一个更高的要求,教员要根据学科特点和学员实际精心设计课堂内容,并且在教学能力方面,教员要在课堂上敏感地意识到多数学员存在的困惑,并及时形成解决方案,这就要求任课老师既要有扎实的本学科知识、广博的跨学科知识储备,又要具备敏锐的思维能力。翻转课堂的教学模式可以说是未来教学变革的走向。第三,教员要根据自己所教内容,创设合理并贴近主题的非真实教学情境。学员现在在课堂内的学习属于真实情境下的学习,往往缺乏一种非真实情境下的探索和实践,比如社会情境、自然情境、直观情境等;或是有利于新旧经验之间联系的情境,比如概念情境、问题情境等。一种情境会促进多种形式的学习,一种形式的学习也可能创造多种不同的情境,根据自主学习的目标以及学习内容的不同,要求自主学习的情境发生相应的变化。教员要灵活创设多种有利于自主学习的情境,提高学员的社会实践能力,为其终身学习奠定基础。

3. 教员要设计促进学员自主学习能力提高的教学活动

(1) 教员要指导学员合理设置自主学习的目标

教员引导学员树立合理的学习目标是教员自主教学的第一步,教员必须帮助学员了解自己的学习,让学员清楚认识到自身学习的优劣,应该学什么,需要学什么,并且自主学习要达到什么样的标准,如何达到这个标准,教员都要对学习者进行引导,确定自主学习的目标。确定恰当的自主学习目标对于提升学员的自主学习现状具有很大的促进作用。通过制定目标的过程,学习者能够恰当认识自我,提高自身自主意识。计划和目标具有导向作用,能够使学习者的自主学习更有导向性和针对性。指导学员确立自主学习目标能够给学习者生成一定的学习压力,有利于其学习活动的维持,并且保证学习的顺利进行,提高自主学习的有效性。

(2) 教员要合理恰当地对学员的自主学习进行指导

在对学员的自主学习训练中,教员可将学员置于一定的自主学习情境中,对方法不进行直接传授,而是提供给学习者一定的工具和探究的线索,让学员真正成为信息和意义的主动建构者,承担学习的主要角色。第一,学习者应当将已有经验与当前的学习内容互相联系,并且形成一个知识网络,多方搜集信息和资料对呈现的内容进行深加工,提出问题并从多角度验证。第二,学习者不断监控自主学习的过程以及目标的实现程度,教员要及时采取策略促进学员对知识的理解和掌握。在学员完成目标的过程中会遇到很多思维上的阻碍,甚至探索会逐渐偏离目标,这时教员应主动提供指导,合理搭建支持性策略,为学习者的探索提出思考的方式和途径,从而使学员可以朝着既定目标继续前进。例如,教员可以引导学员积极利用学习环境中的计算机进行学习,基于计算机的交互性学习可以为学员在不同状态中的自主学习提供"脚手架",当学习者不知该如何做或是对某些任务感到混淆时,计算机的帮助系统会提出一些建议供学习者参考,并且在学员需要帮助的时候给予必要的提示,等等。教员的指导性策略还包括如下内容:首先,指导学员完成其"自主学习辅导提纲",自主学习辅导提纲是教员辅导学员自主学习的出发点,能够支撑学员顺利完成自主学习的全过程,并在关键时刻提供激励作用。它将学员的自主学习目标分解并融入到具体的练习中,让学习者根据要求一步一步地完成预设目标。其次,教员指导要为学习者提供思维的策略,这是提高学员自主学习能力的有效方法。思维策略不只是口头上的直接传授,教员应当在实践情境中举例说明并且运用,例如,元认知策略、知识的精加工策略、复述策略、心境调节策略等。

(3) 教员要培养学习者的评价和反思意识

评价和反思是提高学员自主学习能力的重要环节。通过对自身的评价和反思,学员能够更好地认识自己的学习水平,发现现状的不足和缺陷,并且有针对性地改进自己的自主学习。同时,学习者对自身的评价和反思可以提高其自主意识,增强自主学习的主动性,并为下一阶段的自主学习做好充分的准备。通过对现阶段军校学员的实际考察,学员在评价和反思这一环节还存在一定的缺陷和不足,因此,教员对学员自我评价环节的指导显得尤为重要。

依据布鲁姆的教育目标分类学,将学习者自主学习的评价主要定义为三个阶段,即诊断性评价、形成性评价和终结性评价。诊断性评价是学习者在自主学习之前,对头脑内的知识以及所掌握的技能进行的学习前评价。通过这种预测可以了解学员自身的知识基础和准备状况,判断自身是否满足自主学习目标所要求的条件,为接下来的进一步学习提供明确的依据。形成性评价是学习者在自主学习过程中对自身的学习情况进行的一类评价。它是自主学习活动展开一段时间后,依据预先设定的目标对自主学习进行的评价,根据评价结果重新规划或者调整后续阶段的自主学习进程,是"中途评价"。通过这种评价可以检验出学习者自身在多大程度上掌握了目标所规定的知识技能,对于还没有理解的内容要向其他学习者、教员或计算机设备求助,对于已经完全理解的内容要进行更加深化的拓展学习,以达到深度学习的目标,从而提高学员的自主学习水平。终结性评价是学员一段时期的自主学习结束之后所进行的一种自我评价。终结性评价是对既定目标的总括性"事后评价"。通过终结性评价,学员个体可以发现其整个自主学习过程中的不足,教员从而可以有针对性地对其进行指导,改善其学习,从而达到更好的自主学习效果。

诊断性评价、形成性评价和终结性评价要贯穿学员自主学习的全部过程,每个阶段的评价内容主要涉及:第一,评价自我认知,检查自我认知是否正确、精确;第二,评价自主程度(自主意识和能力、调节能力)、规划水平、学习能力(策略的运用)、学习心理(努力程度、动机水平、情感)、意志水平。

根据笔者以上对于提升学员自主学习能力的策略建构,教员要在实际教学中充分承担学员自主学习的"促进者",打破传统对学习者的知识灌输、约束和支配式的教学,协助学员个体制定其自主学习的目标;教员要在学员自主学习的过程中给予恰当合理的指导,灵活运用多种教学模式和教学手段;教员要创建多种包括真实和非真实的自主学习情境,促进学员的情境迁移能力和知识技能的迁移能力,提高其终身学习和深度学习的水平;教员要引导学员进行自我评价,正视学习者自主学习的成果与不足,并进行及时改善,从而有效提升学员的自主学习能力。

思 考 题

1. 结合实际,谈谈如何根据学生的本质属性实施"因材施教"。
2. 谈谈认识学生的学习特点对教师教学有什么样的影响。
3. 什么是自主学习?你认为应如何培养军校学员的自主学习能力?

第三章 教　师

❀ 本章提要

教师是履行教育教学职责的专业人员,承担着教书育人、培养社会建设者、提高民族素质的使命。在教育教学过程中,教师是教育者、引导者和组织者,其能力水平直接影响教育教学质量。研究和分析教师的职业特点、教师的能力结构以及教师与学生之间的关系,是教育学基础研究的基本问题,也是学校教育提升人才培养质量的重要途径。本章首先概述了教师的定义、发展与权利和义务,其次重点探讨了教师职业的定位和职业道德要求,分析了教授能力结构的构成要素、各构成要素的关系及教师能力结构优化的措施,在此基础上,本章的最后部分着重介绍了军队院校教员能力存在的问题及发展建议。

第一节　教师概述

一、教师的定义

教师是教育活动的组织者、管理者,是人类文化的传播者。作为教育的基本要素和核心因素,教师具有极其重要的社会地位和教育使命。"师者,所以传道授业解惑也。"[①]教师是教育事业的核心力量,是文化传承、人才培养、科技创新、社会发展的中坚力量。教师是指在教育活动中,根据学生的身心发展规律和教育目标、教育要求,通过讲授、启发、引导等教学方法促进学生掌握知识、提升能力、形成价值观的专业人员。

教师由于所承担的教学任务多种多样,面对的学生各不相同,使其职业角色呈现多

---

① 韩愈.韩愈选集[M].上海:上海古籍出版社,2012:16.

样性。

1. 传道者

教师在教书育人的过程中,也负有传递国家历史文化、思想道德、价值观念的使命,一方面,教师的职业观、道德观、价值观必须与当下的社会主流意识形态和道德品质相符合;另一方面,教师在教学过程中,通过言传身教,将道德、观念传递给学生,引导学生形成正确的人生观、世界观、价值观。

2. 授业解惑者

教师是掌握了人类发展的基本知识和技能以及专门知识的人,他们采用各种教学方法、教学手段将自身的学识传授给学生,启发学生的心智,帮助学生解决学习困难,提升学生的学习能力,进而发展成"完整的个体"。

3. 示范者

教师是学生了解世界的重要因素,是学生学习和处世的榜样,教师的言行举止在日常的教育教学中潜移默化地影响着学生。

4. 管理者

教师是教育活动的组织者和管理者,教师在开展教育教学的同时,还负责对班集体的管理、纪律的约束、人际关系的协调等,通过对教育相关的人、事、物的协调与控制,促进教育质量的提高。

5. 研究者

教师在教育过程中,通过对学生和教育活动的观察,总结了丰富的经验,收集了很多一手资料,为教师开展教育研究打下了坚实基础。教师研究主要集中于三个方面:一是对学生的研究;二是对专业的研究;三是对教育教学的研究。教师借助研究活动对自身的工作进行分析、总结、思考,促进了教师工作的不断创新和进步。

教师的这些职业角色,决定了教师职业的重要意义,也决定了对教师的高素质要求。

二、教师的发展

教师是人类历史上最古老的职业之一,它的产生和发展与人类的变革、进步息息相关。正确认识教师的发展,对理解教师职业、做好教育工作具有重要的意义。

(一)教授者

原始社会,生产力水平低下,教育通过口口相传、亲身示范,得以对生产、生活的技能进行继承和保存,这一阶段,教授者可以是部落的长者、祭祀的司仪等,没有形成固定的教师职业。到了春秋战国时期,孔子创立了私学,首次出现了以教为业的教授者,主要职责是传播道德教化,培养为统治阶级服务的人才,"以吏为师、以僧为师"是这一阶段的主要特点。

(二)职业教师

随着生产力的进步、资本主义的发展,西方的教育发生了巨大的变革,教学内容难度加大,教学组织形式日益丰富,人们对教育的要求越来越高,教师的专业化发展逐渐凸显,需要对教师进行专门的培养和训练,以适应社会发展对教育的需求,教师作为固定的职业从社会分工中逐渐分化出来。1681年,拉萨尔在法国创立了世界上最早的师资培训学校,培训以"学徒制"为主,教师的培训仅被视为一种职业训练而非专业训练。[1] 19世纪初期,法国开始实施初等教育教师考核和证书制度,教师开始向职业化方向发展。

(三)专业教师

1966年,联合国教科文组织在巴黎召开了"关于教师地位的政府间特别会议",首次将教师这一职业作为专业予以确认。1996年,联合国教科文组织召开第45届国际教育大会,在《加强变化世界中教师作用》的报告中明确提出"专业化——作为一种改善教师地位和工作条件的策略"[2]。这一阶段,人们逐渐认识到教师职业对教育发展和国家进步有着举足轻重的作用,因此,人们希望教师能像医生、律师那样成为专业的人才,世界各国为促进教师的专业化发展都做出了一系列积极的教育改革。

(四)一专多能的教师

随着时代的进步、信息化的发展,教育已不再拘泥于单一的课堂教学,教育形式的变革对教师提出了更高的要求,未来的教师应当是一专多能的复合型人才,一方面,教师要具备深厚的专业功底,对专业知识及其相关领域要有深刻的认知和全面的理解;另一方面,教师要具备广阔的知识面,能够站在知识的前沿触类旁通,引领学生进行探究性学习。

教师发展至今,经历了教授者、职业教师、专业教师、一专多能的教师四个阶段,经历了非专业化到专业化的发展过程,使教师的社会属性和个人属性逐渐稳定下来。

---

[1] 余文森,王晞.教育学[M].北京:北京大学出版社,2019:262.
[2] 余文森,王晞.教育学[M].北京:北京大学出版社,2019:263-264.

三、教师的权利和义务

教师这一特殊的职业群体,在与国家、社会、学校、学生的相互关系中,既享有一定的权利,也必须履行相应的义务。1993年10月我国颁布了《中华人民共和国教师法》,其中第三条对教师概念进行了界定:教师是履行教育教学职责的专业人员,承担教书育人、培养社会主义事业建设者和接班人、提高民族素质的使命。这一规定使教师的权利和义务得到了法律上的明确,既保护了教师,又使教师行为得到了有效的规范。

(一) 教师的权利

教师的权利是指法律规定的,教师可以做出或不做出的一定行为,同时,国家对这些行为予以保障。[①]

1. 教育教学权

《教师法》第7条第1款规定教师有权"进行教育教学活动,开展教育改革和实验",这是教师最基本的权利。

2. 科研学术活动权

《教师法》第7条第1款规定教师享有"从事科学研究、学术交流,参加专业的学术团体,在学术活动中充分发表意见"的权利,这是教师作为教育专业人员的基本权利。

3. 管理学生权

《教师法》第7条第3款规定教师有"指导学生的学习和发展,评定学生的品行和学业成绩"的权利。

4. 获取报酬待遇权

《教师法》第7条第4款规定教师享有"按时获取工资报酬,享受国家规定的福利待遇以及寒暑假的带薪休息"的权利。

5. 参与学校管理权

《教师法》第7条第5款规定教师享有"对学校教育教学、管理工作和教育行政部门的工作提出意见和建议,通过教职工代表大会或者其他形式,参与学校的民主管理"的权利。

6. 进修培训权

《教师法》第7条第6款规定教师享有"参加进修或者其他方式培训"的权利。

---

① 参见《中华人民共和国教师法》第7条。

教师在教育活动中,通过行使以上权利,一方面包括了个人的既得利益,另一方面抵制了各种侵害教师合法权益的现象。

(二) 教师的义务

没有无权利的义务,也没有无义务的权利,权利和义务在法律上是相生相伴的。教师享有权利,就必须履行相应的义务。教师应当履行的义务包括[①]:

1. 遵守宪法、法律和职业道德,为人师表的义务

《教师法》第8条第1款规定教师应"遵守宪法、法律和职业道德,为人师表"。

2. 贯彻国家的教育方针,遵守规章制度,执行学校的教学计划,履行教师聘约,完成教育教学工作任务的义务

《教师法》第8条第2款规定教师应"贯彻国家的教育方针,遵守规章制度,执行学校的教学计划,履行教师聘约,完成教育教学工作任务"。

3. 教书育人的义务

《教师法》第8条第3款规定教师有义务"对学生进行宪法所确定的基本原则的教育和爱国主义、民族团结的教育,法制教育以及思想品德、文化、科学技术教育,组织、带领学生开展有益的社会活动"。

4. 关心、爱护全体学生,尊重学生人格,促进学生在品德、智力、体质等方面全面发展的义务

《教师法》第8条第4款规定教师应"关心、爱护全体学生,尊重学生人格,促进学生在品德、智力、体质等方面全面发展"。

5. 保护学生权益的义务

《教师法》第8条第5款规定教师有"制止有害于学生的行为或者其他侵犯学生合法权益的行为,批评和抵制有害于学生健康成长的现象"的义务。

6. 提高思想觉悟和教育教学水平的义务

《教师法》第8条第6款规定教师有"不断提高思想政治觉悟和教育教学业务水平"的义务。

教师的法定义务是对教师权利的有力保障,是对教师职业的有效规范。教师的权利和义务共同作用,促进了教师职业的持续发展与完善。

---

① 参见《中华人民共和国教师法》第8条。

第二节 教师的职业素养

教师的职业角色是指教师在教育教学过程中,在处理教育问题、完成教学活动、协调师生关系、关注自我发展等权利和义务时,所表现出的符合社会期望的外在行为、个人认知的总和。叶澜在《教师角色与教师发展新探》一书中提到"教师是谁",即教师做什么、怎么做。据此,我们可以得出教师职业角色的四个特点:第一,主导性。教师根据国家和社会需要,对各项教育活动、各种教育力量进行协调,是学生发展的主导者。第二,示范性。孔子有言:"其身正,不令而行;其身不正,虽令不从。"教师的学识、能力、人格、言行等都对个体、社会和学生有重要的示范性影响。第三,发展性。教师的职业角色随社会的发展、人才需求的转变而不断发生变化。第四,创造性。教师的教育对象是具有主观能动性的个体,教育的环境也时时发生变化,因此,教师要因材施教,灵活处理教学活动,创造性地解决教学问题,促进自身职业能力提升。

一、教师的职业角色定位

教师的职业角色多种多样,不断变化、发展,既有教师作为主体,对教材、学生、教学活动等产生有益作用,也有教师作为客体被学生所认识。教师职业角色有以下几种:

(一)学生的引导者

在教育活动中,教师不仅对学生进行知识的传授,还对学生的全面发展进行引导,包括引导学生建构知识,形成健康的道德品质,树立正确的人生观、世界观、价值观等。

(二)学习能力的培养者

当前社会发展瞬息万变,信息化、网络化、数字化充斥于人们生活的方方面面,在这样一个快速发展的新时代,学生获取知识和信息的渠道越来越丰富,教师已不再是学生获取知识的唯一渠道,学生学习的主体地位凸显,教师的角色也从原来的传道授业者转向学生学习能力的培养者。教师不仅要传授教科书上的知识,还要引导学生自主获取知识,掌握学习知识的工具,学会处理各种信息,使学生从被动学习转向主动学习。

(三) 自我知识的建构者

教育工作的复杂性决定了教师知识结构的复杂性,教师成长是一个渐进的过程,由最初的新手教师到熟练的教师,再到专家型教师,是其不断专业化的过程,离不开教师对自身知识的不断建构,教师通过对专业知识的组织和结构化,提升教师个人的修养和领悟能力,从而更好地引导学生茁壮成长。

(四) 教育实践的反思者

教师开展教育活动的过程,同时也是一个自我更新、自我超越的过程,现代教师为适应教育形势、教育对象、教学改革的变化、发展,经常要进行自我学习、自我实践、自我探索、自我反思,他们对自己的教育理念、教学过程、教学结果、教学个案反复思考、深刻总结,克服浮躁之风,不断促进自身在专业知识、教学能力、心理素质、道德品质等方面的进步。

(五) 信息技术的应用者

21世纪是信息大爆炸的时代,教学方法和学习方式都发生了翻天覆地的变革,教师在信息化过程中,要进一步加强信息意识,提高信息处理能力、多媒体操作能力、互联网应用能力,使信息技术在教育教学过程中充分发挥优势,为学生的学习和发展提供多元化的学习渠道和学习方式。

教师的职业角色既有显性的,又有隐性的,统一于教育活动中。教师要理清角色特点,运用角色技能,充分发挥角色作用,为保护学生的发展和权益,积极扮演好相应的角色。

二、教师的职业道德

教师,自职业之初,就以良好的道德形象呈现在人们面前,教师的职业道德不仅是教师职业发展的重要组成部分,还是教师职业发展的内在诉求和核心要素,教师的职业道德一直受到社会的广泛关注。

(一) 教师职业道德概述

对教师职业道德内涵的界定,不同的人群存在不同的认识和解读。本文基于全书的设计思路,采用了如下教师职业道德的概念:教师的职业道德是指教师在开展教育活动过程中,用以处理教师与学生、教师与家长、教师与同行、教师与学校、教师与社会等关系时所遵循的职业规范和行为准则,以及在此基础上表现出的职业责任、职业态度、职业纪律、职业作风等。教师职业道德主要有以下几个突出特点:

1. 专业性

教师是极具专业特点的职业,专业化水平要求很高,它不能简单套用其他职业的道德规范,因此,教师职业道德规范的建立,需要一定的专业理论,确保教师这一职业能够顺利地实现自身的专业发展。

2. 示范性

学生是发展的个体,其可塑性、模仿性极强,教师的言行举止、情感态度、教学风格都会在教育教学过程中潜移默化地影响学生,对学生的身心发展起着重要的示范作用,因此,教师必须形成良好的道德形象,树立起更高的职业道德模范,才能顺利完成教书育人的神圣使命。

3. 自律性

教师的职业道德是一种外在的行为规范,通过教师个体的执行和落实,实现道德规范的内化,引导教师在实际教育工作中自我反思、积极探索,自觉养成遵守职业道德规范的主体性和自律性,用道德影响力更好地促进学生的全面发展。

4. 发展性

教师的发展是一个循序渐进、不断成长的过程,教师的职业道德随着社会的发展和个体专业素养的提升不断变化、发展,呈现出动态性和发展性,这种发展性表现为教师根据社会发展、教育变革、学生特点不断总结职业道德标准,提升自身的职业道德素养,做到对学生形成良好的道德观念有所作为、有所裨益。

教师的职业道德建设要不断融入教师职业发展的过程中,为教师的职业发展提供强有力的动力支撑。

(二)教师职业道德的意义

1. 提升教师专业品质

当前教育呈现出崭新的发展态势,教育活动中的公平问题、民主问题、价值观问题等都需要接受时代的审视,这些变化对教师的职业道德提出了新的挑战。教师职业道德发展要立足于教师劳动特点、社会发展形势,吸收先进、科学的职业理念,丰富教师职业道德认知,提升教师专业品质,使教师能够更好地承担职业责任。

2. 协调教师人际关系

教师在完成教育教学过程中,需要调节师生关系、同行关系、上下级关系、生生关系等,这些复杂的人际关系,需要教师具备良好的职业道德进行协调。一方面,教师的职业道德会影响外在的社会舆论,教师与学生在社会发展中备受关注,教师良好的道德行为会使社会产生肯定的舆论,从而激励教师热爱职业、热爱教育,教师不良的道德行为会使社会产生否定的舆论,不利于教师身心发展和职业成长。另一方面,教师的职业道德会影响个体内在的信念,教师良好的道德行为会使教师从精神上产生满足感,从而生发出职业的信心,教师不良的道德行为会使教师偏离职业轨道,对人的发展和职业的规划产生不恰当的引导。

3. 促进学生智能发展

教育教学是极为复杂的过程,对学生的智力发展和心理发展都会产生重要影响。一方面,教师高尚的道德情操,会促使教师努力工作,这就为教学质量提高和学生智能发展提供了重要保证;另一方面,教师的职业道德还会影响学生的心理状态,激发学生学习的热情,诱发学生的学习积极性、主动性,进而影响学生的智能发展。

4. 积极影响社会道德

教师是社会精神文明的重要建设者,一方面,教师的职业道德会影响学生,进而辐射整个社会,对社会精神文明的传播与建设产生重要影响;另一方面,教师的职业道德会浸润到教育教学和日常生活中,文明、健康的道德行为会为公众树立道德威信,从而感染群众,共同养成良好的行为习惯。

(三)教师职业道德的内容

教师的职业道德包含教师在教书育人、科学研究等多方面表现出来的行为规范和道德准则,深入分析教师职业道德的内容,有助于从深层次理解教师职业道德的本质,还有助于教师职业道德的养成与提升。教师职业道德的内容主要包括以下四个方面:

1. 教书育人的道德

教书育人是教师的首要职责和基本任务。教书育人的道德包括依法执教、严谨治学、关爱学生、为人师表等内容。依法执教就是在教育教学过程中要自觉遵守国家宪法和法律的规定,严格遵守《中华人民共和国教育法》《中华人民共和国教师法》及有关的教育法规,遵守政治纪律,维护国家利益,履职尽责,不做有损教师形象的事情。严谨治学就是要求教师在教书育人的过程中树立良好的教风、研风,刻苦钻研,一丝不苟地对待教育教学工作,认真研究教育教学规律,不断推进教育创新。关爱学生就是要求教师在教书育人的过程中尊重学生、关心学生、鼓励学生,既是学习上的好老师,又是生活上的好导师。为人师表就是教师始终要严格要求自己,自觉坚持教育教学的正确方向,自觉成为学生品德的示范者,自觉成为社会文明的垂范者。

2. 科学研究的道德

科学研究是教师工作的重要职能，是学校持续进步的生命力。科学研究的道德包括真理至上、学术诚信、学术创新、学术民主等内容。真理至上就是要求教师在从事学术研究过程中，摒弃急功近利，秉承献身真理的学术精神，克服学术浮躁，坚持持之以恒的研究态度，为推动人类进步坚守科学的精神品质。学术诚信就是要求教师在从事学术研究过程中，不弄虚作假，遵守学术规范；不伪造数据，坚持实事求是；不学术剽窃，坚守科研诚信。学术创新就是要求教师在学术研究过程中，理性质疑、勇于探索、敢于创新，把创新作为教育教学研究发展的动力。学术民主就是要求教师在学术研究过程中，注重团结合作、注重公平公正、提倡百家争鸣，自己营造海纳百川的民主氛围，维护学术积极健康发展。

3. 服务社会的道德

服务社会是教师将知识物化的重要过程，即教学成果、科学研究转化为社会效益的过程。服务社会的道德包括履行义务的道德、利益交换的道德、奉献索取的道德。履行义务的道德就是要求教师在服务社会的过程中自觉承担维护社会事业的责任，包含公众的社会利益。利益交换的道德就是要求教师在服务社会的过程中坚守诚信，树立正确的义利观，进行合理合法的利益交换。奉献索取的道德就是要求教师在服务社会的过程中坚持以造福人类为目标，积极发扬奉献精神，坚持公益面前的"大我"、利益面前的"小我"，积极为人民幸福做贡献。

4. 人际交往的道德

教育活动涉及多种人际关系，恰当地处理人际关系，是教师职业道德的必修课。人际交往道德包括师生交往、同事交往、教师与社会交往等方面的道德行为。师生交往的道德就是要求教师始终做到既尊重学生、接纳学生，又严格要求学生，确保学生身心发展的同时又促进师生关系健康发展。同事交往的道德就是要求教师在与同事交往的过程中，服从领导、尊重同事、平等互助、公平竞争、融于集体、荣在集体。教师与社会交往的道德就是要求教师在与社会交往的过程中坚持做到文明礼貌、开放宽容，促进社会的和谐发展。

教书育人的道德、科学研究的道德、服务社会的道德、人际交往的道德共同组成了教师职业道德的丰富内涵，指导人们更加深刻地理解教师职业道德。

第三节　教师的能力结构

教师的能力在教育活动中有着重要的作用,要实现教师这一角色的职责和义务,个体不仅要具备教学、课堂管理的基础教师能力,还要具备包括教育理解能力、专业实践能力等在内的核心职业能力。

一、教师能力结构的构成

教师的能力结构是指构成教师能力的各个组成部分及其相互之间的关系,教师的能力结构是从业者必须具备的,且经过培养可以达到的各项能力。教师的职业能力主要包括基础能力和核心职业能力。

(一) 基础能力

基础是事物发展的起点。教师的基础能力是指成为教师所必须具备的根本性能力,它在教师发展中起基础性作用,是教师发展的地基。基础能力包括:

第一,教学能力,是指"教师运用教科书、其他有关教学材料或采用某种特定方式从事教学活动,实现教学目标的能力"[①]。主要包括教学设计能力,即教师为实现教学目标而进行的理解教材、设计教案、整理板书的能力;教学组织能力,即教师在教学设计的基础上,有效整合教学方法、学生特点、课程组织等方面,灵活开展教育活动的能力;教学评价能力,即教师对学生学习效果和对自身教学实施做出客观判断的能力。

第二,课堂管理能力,是指教师在课堂教学过程中,根据教学目标或任务要求,运用管理学的知识和技术,遵循一定的原则,采取一定的方法和措施,建立良好的课堂教学环境和调动学生学习积极性的一种活动[②]。主要包括维护课堂秩序、营造课堂氛围、调动课堂气氛等活动。

第三,学习能力,是指教师不断学习以期胜任不断变化的工作职责的能力。一是自我学习能力,即教师通过各种形式的学习全面提升自身知识和技能的能力。教师通过对

[①] 罗树华,李洪珍.教师能力概论[M].济南:山东教育出版社,2001:22-23.
[②] 李朝辉.教学论[M].北京:清华大学出版社,2016:49.

专业知识的深耕,以及相关学科知识的广泛学习,以期形成宽广的知识面和深厚的专业基础。二是知识整合能力,即教师将新知识纳入自己已有的知识体系,有效整合并运用于教育实践的能力。三是自我反思能力,即教师在教育实践活动,以及与同行、专家的交流、学习中,发现自己教育教学中的问题与不足,并努力改变的能力。

第四,教育科研能力。一是指教师在开展教育工作的同时,总结教育现象、发现教育问题,并运用科学的知识和研究方法开展教育研究的能力,主要包括选题立项、文献查阅、调查研究、资料分析、撰写报告等能力;二是指教师通过教育实践、科研探索、社会交往,从中总结、提炼出积极有效的新理论、新方法的能力,主要包括创新性思维和创造性实践。

第五,人际交往能力,是指教师在教育活动中,与学生、学生家长、同行、上级、专家等多种对象进行沟通、交往、合作等活动的能力。

上述五项能力是教师所应具备的基本能力,是其他能力发展的根本,基础能力决定了后续能力发展的高度。

(二)核心职业能力

随着教师专业的不断深入,相应提出了发展这一职业所需具备的深层次能力。教师的核心职业能力属于高层次的能力,是教师能力结构的重心。它包括:

第一,教育理解能力,是指从事教育活动的教师,对教师职业本质、特点、理念内涵的深刻认识,以及对人才培养、教学管理等的正确理解,并秉持科学的教育理念和职业道德,开展教育教学,促进学生的全面发展。

第二,专业实践能力,是指教师具备专业领域的实践能力和操作技能,能够将自己掌握的知识和技能传授给学生,使学生掌握相关专业的技能技巧。

第三,课程开发能力,即根据课程培养方案,对课程体系、课程实施方案、课程目标、课程运行等方面的设计与实施。

第四,道德教育能力,是指教师将相应的道德规范、价值观点、政治立场、思想情感融入教育教学中,对学生进行浸润式的教育,帮助学生养成良好的道德行为规范的能力。

第五,指导学生就业的能力,是指教师根据自己的职业经验和一般性知识,指导学生在实习活动、职业规划中顺利解决困难,合理规划职业生涯的能力。

基础能力和核心职业能力共同组成了教师能力的完整结构,两者共同作用,促进教师职业能力的提升。如图3.1所示。

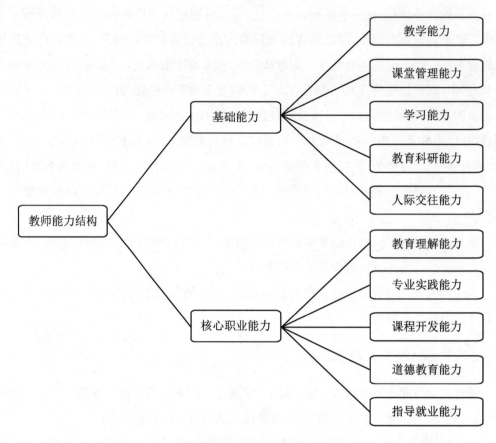

图 3.1　教师能力结构图

二、教师能力结构的关系

教师能力结构,既层次各异,又相互作用,共同组成教师能力的整体。

(一)教师的整体性能力大于各能力要素之和

对教师能力结构的分层,是为教师专业化发展提供基本框架,然而,教师的教育活动是复杂多变的,教师能力结构层次之间相互独立,根据工作任务的不同而各有侧重,因此,各要素之间要相互协调、相互作用,才能实现整体功能大于各要素之和,实现最佳的教育教学效果。

(二)基础能力是教师能力发展的根本保障

基础能力是教师其他能力发展的前提和保障,是个体担任教师角色的必备条件,教师的五项基础能力相互区别，又相互联系，它们的共同作用对教育教学活动产生积极的影响，也为教师的成长指明了能力发展的基本方向。

（三）核心职业能力是教师能力发展的后发优势

核心职业能力是教师最独特、最难习得的能力，需要基础能力的日积月累，慢慢获得，是持续发展、不断升华的过程。

三、教师能力结构的优化

教师能力的提升是一个全过程、全阶段的活动，需要从制度、实践、评价等多方面对教师能力结构提升进行设计和完善，进而促进教师能力的不断进步和完善。

（一）完善发展制度

教师能力结构的完善需要一个持续的、阶段性的培养过程，因此要不断完善各发展阶段的培养。首先，在入职阶段，重视教师基本能力、职业规范、学生发展等内容的培养和训练；其次，要进一步完善教师晋升考核办法，重视对教师教学能力的考核；再次，要建立职后发展机制，完善促进教师发展的长效机制。

（二）完善培训体系

学校坚持以提升教师专业能力为目标，组织丰富多样的培训教研活动，对新教师开展入职培训，巩固和提升新教师的教育教学能力水平；对于中青年教师，开展职业能力提升的培训；对于经验丰富的老教师，为其提供丰富的教育教学资源及共享平台，进一步夯实其专业基础，发展职业能力。

（三）加强师德建设

积极构建教师思政教育的长效机制，把理想信念、职业道德融入教师培训和管理工作中，不断创新工作方式，为教师营造教书育人、爱岗敬业的浓厚气氛。

（四）开展能力评估

一是针对新教师开展教学诊断，夯实其教学基本功；二是支持和鼓励教师参加各级各类教学竞赛，助力教师成长；三是做好教师资格认定，健全课堂准入制度。

第四节 教师与学生的关系

在教育活动过程中,教师与学生的关系是最重要、最关键的关系,良好的师生关系有助于教学效果的提升,能够促进教育质量的提高。因此,充分了解师生关系内涵、发展、类型以及如何建立良好的师生关系,对于教育教学的顺利实施有重要的指导意义。

一、师生关系概述

师生关系,是指教师和学生在教育教学活动中形成的相互关系,它们既对立统一,又相互依存、相互影响,统一于教育活动中。具体表现为:

1. 师生在教育活动中相互依存

教师的"教"是教师的根本,学生的"学"是学生的根本,离开了教师,就没有所谓的学生,同样,没有学生,也无所谓教师,教师和学生相互依存,共同构成对立统一密不可分的关系。

2. 师生之间相互平等

在中国的历史发展中,教师有着崇高的地位,古语有云"一日为师,终身为父",但这种师生关系缺乏平等的交流和对话,不利于学生主体地位的体现。随着社会的发展进步,现代教育推崇师生彼此尊重、人格平等、民主和谐的新型师生关系。这种关系对教育活动的展开有积极的作用,能够提高教育教学的效率,提升教师教学质量。

3. 师生之间共同成长

在教育活动中,学生向教师学习是主要的教学活动体现,但同时,教师也在向学生学习,师生之间在思想、情感、价值观等方面相互交流与碰撞,必然会促进师生双方的共同成长。

教师和学生在师生关系的发展中相互影响、相互促进,共同获得在知识、情感、价值观等方面的不断成长。

二、师生关系的发展

在我国传统的教育活动中,强调师道尊严,学生对于教师绝对服从,随着我国社会政治、经济、文化的发展,现在师、生的地位都随之发生了改变,师生关系也有了新的定义和解读。

(一)传统的师生关系:师尊生卑

我国传统的教育过程中,受传统师道尊严文化的影响,学生对教师绝对服从,学生获取知识的渠道单一,对教师的指导亦步亦趋,再加上国家选拔人才制度的影响,使教师在教学活动中地位颇高,学生高度认同和听从教师的"传道、授业、解惑",师生各就其位,相安无事,师生关系相对和谐、稳定。

(二)现代师生关系:师生平等

随着我国经济的飞速发展、互联网的迅猛扩张,学生在学校中的地位发生了转变,学生获取知识的途径增多,同时独生子女增多,未成年人的法律保护意识增强,教育教学政策也发生了翻天覆地的变化。一方面,"以教师为中心"的观念仍占据课堂教学的主流地位,教师依然坚持"师道尊严"的传统;另一方面,生长在新时代的学生,有着强烈的自主意识、独立意识、自我求知需求,他们对教师的崇拜减弱,在教育活动中渴望与教师平等相待。

师生关系的变化,一方面反映了社会变化的影响,另一方面反映了教育发生的根本性变革,新的时代亟需新的师生关系,以促进师生双方的共同进步。

三、师生关系的类型

在教育活动中,师生关系因各自所处的地位不同,关系模式也呈现为多种多样。根据师生之间的关系,可以将教师与学生的关系分为以下三种:

1. 权威型

权威型师生关系是指教师处于教育活动的中心,处于领导地位,学生处于被领导地位,教师在师生关系中拥有绝对的权威。这种师生关系为教育活动排除了许多干扰因素,有利于教学计划的高效达成。但是,权威型师生关系在一定程度上制约了学生的发展,学生僵化地接受教师的指导,主观能动性得不到发挥,不利于学生想象力、思维力的发展,也不符合新时代教育教学的特点。

2. 放任型

放任型师生关系是指教师在教育活动中对学生的思想、活动不加干涉,不加引导,任其发展。这种师生关系不利于教育活动的有序开展,可能会导致教育活动向非正确的方向发展。然而,放任型师生关系在一定程度上也有利于学生个性特点和发散思维的发展。放任型师生关系恰当地运用在非正式教育活动中,有利于营造宽松的师生关系,促进学生的自由发展。

3. 合作型

新一轮教育改革提倡合作型师生关系,教师和学生都是独立的个体,处于平等的地位。合作型师生关系可以使师生在融洽的教育氛围中完成教学活动,提高师生的主动性和积极性,提升教师教学活动的效率,有利于学生完善人格的发展。

四、师生关系的构建

良好的师生关系是教育活动取得成功的重要保证,是影响教育质量的重要因素,构建良好的师生关系,有助于增进师生交流,促进教育活动的顺利实施。

(一) 良好师生关系的构建

良好的师生关系,是指师生相互尊重、相互信任、相互理解、平等相待的关系。它是现代教育生命力的生动体现,这种良好的师生关系对学生形成自主意识、探索欲望、开拓精神和进取态度以及教师创造性的教育活动有积极的助力。良好师生关系需要坚持不懈的努力和维护。

1. 树立正确的教师观

传统的教师观强调教师在教育活动中的绝对权威和领导地位,随着时代的发展,现代教师观更倾向于平等融洽的师生关系,教师树立威信,必须突破单一的行政手段,要通过温和、民主、公平的方式设身处地地为学生的成长和进步保驾护航,满足学生的正当需要,让学生在教育活动中充分感受到教师对学生的关爱、理解和支持,从而拉近师生之间的距离,形成良好的师生关系。

2. 树立正确的学生观

新时代强调"以学生为本",一切为了学生发展,关注每个学生的成长,这就从根本上指明了教育活动的目标。"以学生为本"要求教师树立以学生为中心的理念,树立人本主义学生观,充分关注学生的知识学习和人格培养,关注学生身心发展特点,为每位学生提供发展的空间和条件,注重因材施教,凸显学生在教育活动中的主体地位和个性差异。

(二) 师生冲突的应对

师生冲突是指师生之间的情绪对立或公开对抗。造成师生冲突的主要原因有:第一,师生双方期望不一致。教师对学生不合理的行为批评指责,容易引起学生情绪的压抑和怨恨,学生有意无意地制造冲突,释放情绪压力,造成对抗行为。第二,角色意识过强。教师的角色意识过强,容易造成教师"强权"意识,要求学生绝对服从,不符合新时代的师生观,容易造成冲突。第三,师生之间有"代沟"。师生之间存在客观的年龄差距,不同时代的人的思维方式、价值观念、行为方式存在明显差别,因此,对待同一问题,师生双方会产生不同的观察视角,所得结果也不一样,这种观念和行为上的"代沟"造成了师生之间的冲突难以避免。

在日常教育活动中,师生冲突应对得当,有利于营造和谐向上的师生关系。解决师生冲突,可以从以下方面入手:

(1) 抓住主要矛盾。面对冲突,教师切忌就事论事,要考虑冲突背后的根本原因和产生背景,不过分纠结细节,与学生通过深入剖析本质原因,找到解决问题的对策、方法。

(2) 加强沟通。面对冲突,师生之间要坦诚以待,相互理解。教师要向学生详述其思想和行为的真正动机,同时理解学生的想法和感受,用真诚的态度赢得学生的谅解和支持,用宽广的胸怀包容学生的错误行为,引导学生认识不足,改正错误。

第五节 军校教员教学能力发展

教员的教学质量是影响军队院校教育质量的关键因素,在军队院校教育以内涵式发展为核心的当前,军队院校教员教学发展受到高度关注。对于实践性较强的教员教学发展来说,探讨其发展过程存在的问题以及如何克服这些问题对于促进教员教学发展、提高军队院校教学质量具有十分重要的意义。

一、军队院校教员教学发展的内涵

目前国内学术界对高校教师教学发展的内涵还没有形成统一的表述。针对教学发展的内涵,学者们基于不同立场提出了不同的学术观点。陈德良等学者认为,教师教学发展是为了达到教师全面发展,实现教师的人生价值,通过内部与外部的行动,消除教学障碍,进行教学反思,丰富教学策略,进而提升教学能力与水平的过程。[1] 郑家茂等研究

---

[1] 王莉.地方本科院校教师教学发展的内涵、困境与提升策略[J].河西学院学报,2019(1):115.

者认为我国大学教师教学发展是指大学教师学术水平的提高;专业知识与技能的发展;职业情感与师德的发展。① 焦燕灵认为,教师教学发展是指教师在主观努力和外部支持下,不断更新教学理念、充实教学知识、提升教学能力、形成独特教学风格、实现自我价值和学生成长的过程。②

从国内学术界的研究成果看,各位专家教授虽然对教师教学发展的内涵表述不同,但都是围绕教师教学发展的内外部途径、内容、方法和目标进行探讨的,其中提升教师教学能力,促进教学水平提高是其概念表述的核心。基于以上分析,结合军队院校教育教学实践,本书认为,军校教员教学发展是指在军队院校领导机关的系统组织下,教员通过自身的努力,在军事综合素养、专业基础知识、教学水平、教学能力、教学学术等方面不断提升,充分实现教员的自我价值和学员的全面发展,进而促进军队院校教学质量不断提高的过程。

二、军校教员教学发展存在的问题

随着军队院校的转型发展,在狠抓教学质量,聚焦教学中心地位成为军队院校教育教学发展的主要任务的背景下,军队院校采取了一系列措施加强教员队伍建设,助力教员教学能力提升,效果显著,但在教员教学发展方面还存在以下几点问题:

(一)军校教员教学发展意识相对薄弱

从军队院校教员教学发展的内涵表述可以看出,教员是教学发展的主体,教员为教学发展提供了可能性,只有教员从自身发展和教学实践出发,意识到教学发展的重要性,积极主动利用自身因素和外部因素,才能实现教员教学的充分发展。但从目前的情况来看,军校一部分教员还存在教学发展意识不强、动力不足等问题,主要表现为个性化教学发展计划的缺失。在军校尊师重教的氛围之中,军校教员教学的积极性、主动性得到了充分的发挥,教员们兢兢业业,为军校的教育事业做出了应有的贡献,完成了教书育人的使命,但不少教员却忽视了在"育人"的同时还需要"育己",缺乏足够的"育己"意识。不少教员对自身教学发展没有清晰的目标,似乎教学发展只是军队院校的事情,只要定期参加军队院校组织的教员培训、教学研讨活动就可以了,没有意识到根据自身和学科特点制定个性化教学发展计划的重要性,严重影响了教员的教学发展。

---

① 雷玉.大学教师教学发展模式研究[D].武汉:武汉理工大学,2008.
② 李俊,郭美玲.地方高校青年教师教学能力发展的困境与对策[J].高教论坛,2019(8):59.

(二)教员教学知识结构不够完整

教员教学知识主要包括三个部分:教学的课程知识、教学的内容知识和教学的方法知识。教学的课程知识是指教学材料的资源知识,体现在教员如何认识和评定教学材料,并能够在教学中有效地使用教学材料;教学的内容知识是指教学中如何通过实物、图像、符号等一些视觉的模型更好地表达教学思想;教学方法知识,是关于教学策略和课堂组织的知识,体现在教师日常教学活动中对教学策略的选择,并对教学方法、程序、教学媒介等进行综合考虑。[①] 从历年教学评价和教学督导的结果来看,教员教学知识结构还不够完善,特别是教学方法知识,由于军队院校教员选拔途径相对广泛,不少教员没有受过专业的师范教育,缺乏教育教学理论知识,不少教员还没有意识到理论知识学习的重要性,很多教员只有在需要的时候才去阅读相关的教育类书籍,经常性阅读教育类书籍的教员较少,教学知识的相对滞后,导致教员教学水平难以得到较大的提升。

(三)教员教学发展的支持体系不够完善

教员教学发展需要军队院校各方面的协调和支持,营造良好的教员发展氛围,但目前军队院校教员教学发展支持体系还不够完善,主要表现在以下几个方面:

(1)教员培训方面。目前培训对象主要是新入职的教员,针对在职教员的培训较少,同时培训形式相对单一,主要是理论授课,一定程度上影响了教员培训效果。

(2)课堂教学质量评价方面。课堂教学质量评价的根本目标是提高军队院校的教学质量。从应然的角度看,课堂教学质量评价有助于管理机关发现教员教学中存在的不足,及时采取有效措施改进教学,从而提升军队院校的教学质量。从现实的角度看,不少军队院校将课堂教学质量评价作为教师绩效考核、评奖评优的重要工具,提升教学质量这一根本目标却未被足够重视,课堂教学质量评价对于教员来说只是一个分数而已,挫伤了教员自主学习和发展的积极性。

(3)组织机构方面。组织机构支持力度不够,当前不少军队院校还没有成立教员教学发展的专门机构,一定程度上影响了教员的教学发展。教研室作为教员的直接负责单位,由于授课任务重、师资力量短缺等原因,在教员教学发展方面的支持作用比较有限,促进教员教学发展的作用没有得到充分体现。

---

① 顾盈.高校教师教学发展共同体构建策略研究[D].镇江:江苏大学,2018.

三、军校教员教学发展的建议

(一) 教员：积极主动寻求教学发展

教员教学发展需要外部力量的推动和激励，但更关键的还是需要教员积极主动地谋求发展。因此，作为教学发展主体的教员，要做好以下几点：

首先，要树立教学发展的意识。意识是行动的先导，教员要杜绝"一劳永逸"的思想，认为自己已经是博士或硕士了，自然能当好军校教员。教员要认识到专业性是教员之所以为教员的最根本特征，而教员的专业性，不仅是指学科知识方面的专业，还有教育教学知识方面的专业。基于此，教员在走上讲台之时，就要对自身的教学有一个清晰的发展目标，制定教学发展规划，并按照教学发展规划实施。

其次，要充分认识教学学术的重要性。教学学术是教员教学发展的核心要素，它不仅是教员教学发展的内容，也是教员教学发展的重要途径。教学学术水平反映了教员对教学的认知和投入。因而，教员不仅要精通教学，还要善于开展教学研究，及时发现教学过程中存在的问题，加强对教学思想、教学内容、教学方法和教学模式的研究，努力实现教研结合，努力形成科研反哺教学的良好教学学术氛围。

最后，要不断完善教学知识结构。曾有人说过："教育最可怕的是：不读书的教师在拼命教书。"虽然说得有些绝对，但却不无道理。作为教员，要通过读书、学习不断完善教学知识结构，毕竟作为专业的教员，仅拥有丰富的课程知识是远远不够的，还需要教学的内容知识和教学的方法知识，也就是说，既要知道"教什么"，也要知道"如何教"，更要知道"怎样教得更好"。很多军校教员在走上讲台之前或之后并未接受高等教育教学理论知识的学习，他们需要通过教学发展，不断提高自身的教学水平。

(二) 院校：营造良好的教学发展氛围

教员教学发展需要外部力量的推动，院校要为教员教学发展营造良好的教学发展氛围。具体来说，要做好以下几点：

首先，建立教员教学发展制度。制度是教员教学发展的保障，院校要在加强教学发展的过程中，逐步完善相关制度，让教员教学发展成为常态化、经常性工作。一要完善教员培训制度。教员培训包括新教员培训和在职教员培训，是教员教学发展的重要途径。军队院校教员队伍的特殊性，决定了需要对不同类型教员进行不同形式的培训。例如，文职教员，他们虽然学历较高，专业基础知识扎实，但不少并非师范类院校毕业，硕士或者博士毕业直接走上讲台,缺乏教学技巧。同时,年轻的文职教员对军校教育的本质、军校教育的特点、军校课程体系与军校课堂教学等方面缺乏深入了解。又如,士官教员,拥有丰富的部队任职经历,但授课经验相对不足。因而,在开展教员教学发展活动时务必要考虑发展内容的针对性。同时,培训形式要多样化。培训内容要避免"满堂灌"式的讲解,可采用案例分析、教学观摩、现场教学演示、学做结合等形式,设计出有人气、有质量、接地气的教学培训内容。二要完善课堂教学评价制度。教员的课堂教学质量评价制度要强化人文关怀,不能把教员简单地视为监管的对象,同时要推进课堂教学质量评价制度的科学化,增强教员对课堂教学质量评价制度的认可和积极参与,健全课堂教学质量评价制度的高效反馈机制,让教员及时了解教学评价结果,真正实现课堂教学质量评价促进教学质量提高的根本目的。三要完善教员奖励机制。进一步完善教员教学发展的奖励机制,加大奖励力度,增加教学奖励的范围和力度,对教员教学发展形成明显的激励作用。

其次,健全组织机构。组织机构是教员教学发展常态化开展的重要保证。一要成立教师教学发展中心。院校应该成立专门服务于教师教学发展的教学发展中心,为教员教学发展搭建良好的发展平台,同时为教员提供专业化、全面化和系统化的教学发展服务。二要加强教研室建设。一方面,军队院校要加强教研室建设,科学界定教研室的职责,强化教研室在教学研究和教学经验分享方面的作用,不断完善相关制度,促进教研室活动开展的有效性。另一方面,教研室自身要充分采取措施加强教员教学发展,如采取集体备课、集体研课以及骨干教员"示范课"等形式,加强教员之间的交流互动;要建立"传帮带"制度,充分发挥骨干教员对新教员的示范作用;教研室主任充分发挥领导带头作用,及时更新教学理念,使强化教员教学发展成为教研室的常态化工作。

最后,营造良好的教学环境。教学工作是院校的中心工作,要坚持内涵式发展,以教学质量建设为牵引,以建设一流军队院校为目的,在全院范围内营造"聚焦教学、服务教学、狠抓教学"的文化氛围,在人人重视教学的氛围下,激发教员教学发展的欲望,树立正确的教学发展观,充分调动教员教学的热情,发挥教员教学发展的内在动力。

思 考 题

1. 试从教师职业发展特点的角度,谈谈教师能力提升的问题。
2. 请结合实际阐述如何建立良好的师生关系。
3. 军校教员教学发展的内涵及其意义是什么?

第四章 教育内容

本章提要

教育内容是为实现教育目标,经选择而纳入教育活动过程的知识、技能、行为规范、价值观念、世界观等的总和。在教育教学实践中,教育内容是实现教育活动的重要载体,是教师和学生进行交流互动的重要中介。在教学过程中,教师和学生只有通过教育内容,才能实现互动,也只能通过教育内容,才可以实现教育的育人功能。本章首先界定了教育内容的概念、意义以及教育内容的选择依据。其次分析了教育内容的载体,梳理了课程、课程标准以及教材在教育教学过程中的作用。与此同时,联系我国教育教学实践经验,介绍了我国全面发展教育的教育内容。最后,结合军队院校教育内容的特殊性,从军校教育内容选择的影响因素、依据和原则三个方面介绍了新形势下军队院校的教育内容。

第一节 教育内容概述

一、教育内容的概念

教育内容是指"为实现教育目标,经选择而纳入教育活动过程的知识、技能、行为规范、价值观念、世界观等的总和"[①]。教育内容常常通过课程、教材等形式体现,在日常教育实践中,也可以称为课程内容或者教学内容。教育内容随着社会的发展而发展,不同的历史阶段有不同的教育内容,其选择的标准既要满足社会发展的需要又要能实现个人

[①] 教育大辞典编撰委员会.教育大辞典[M].上海:上海教育出版社,1997:765.

发展。教育有广义和狭义之分，相应地教育内容也有广义和狭义之分。广义的教育内容包括有计划、有目的、系统地对学生产生影响的教育内容，同时也包括无计划、无目的、潜移默化对学生产生积极影响的教育内容。狭义的教育内容主要是指学校教育内容，是教育者根据一定的社会发展需要和学生身心发展规律，有计划、有目的、系统地通过学校教育，对学生成长施加影响的教育内容。

二、教育内容的选择

教育内容由各门学科中适合学生身心发展的内容，主要是知识构成，它是由各门科学中的知识素材构成的，但是，不是每门学科中的所有知识都可以作为教育内容教授给学生，教育内容的选择必须依据一定的标准。

1. 社会发展的需要

教育作为社会的一个重要子系统，与整个社会发展关系密切，学生个体的发展离不开社会的发展，通常情况下，总是与社会发展交融在一起的，个体发展水平受社会发展水平的制约，社会发展对个体发展的一般要求，是教育内容选择的客观标准，学生的发展不仅要符合社会发展的要求，更要顺应社会发展的未来趋势，只有这样，教育内容才能真正促进学生个体的发展，从而推动社会的发展，实现教育的功能。

2. 个体发展的需要

如前所述，学生个体的发展具有阶段性、不平衡性以及差异性等特征，而教育内容选择的最终目的是促进学生个体的全面发展，因而，学校教育内容的选择要考虑学生个体发展的需要，遵循个体身心发展的规律，这是选择教育内容时必须考虑的重要因素。

首先，教育内容的选择要依据学生个体发展的阶段性。学生身心发展水平影响着教育内容选择的深度和广度，低于或高于学生发展阶段的教育内容都不利于学生的发展。

其次，教育内容的选择要依据学生发展的内在需要。众所周知，教育活动只有学生积极主动的参与，才能取得较好的教学效果。如果学校教授的教育内容不符合学生内在发展需要，难以调动学生个体学习的积极性、主动性以及参与性，就很难提升学校的教育质量。因而，教育内容的选择必须考虑学生的内在需要。

最后，教育内容的选择必须考虑学生的学习兴趣。兴趣是最好的老师，学习兴趣是学生主动学习的基本条件之一，如果教育内容不是学生感兴趣的知识，学生只能被动地学习，为了学习而学习，导致学习质量不高，学习相对来说就是无效的，不仅不能促进学生的发展，还会影响学生的发展。

3. 教育目的实现的需要

教育目的是教育的核心、灵魂、出发点和最后归属,它是教育要达到的预期结果,反映了社会对学校教育培养人才性质和方向等方面的根本要求。教育目的具有导向、选择、激励和评价的功能。学校一切教育活动都要围绕教育目的而展开。因而,教育内容的选择要紧扣教育目的,即有什么样的教育目标就要有什么样的教育内容与之匹配,不同的教育目的对应着不同的教育内容体系。

三、教育内容的意义

(一) 教育内容是教育主体交流互动的媒介

教师和学生是教育活动的两大主体,教师和学生的交流互动促使了教育的发生和发展,从某种意义上来说,教育的过程就是教师教授"内容"和学生学习"内容"的过程。在这一过程中,教师借助于教育内容,与学生发生互动,构建和谐的师生关系,营造良好的教育环境,调动学生学习教育内容的积极性,实现教书育人。同时,学生作为教育活动的主体,充分发挥主观能动性,通过学习教育内容并内化为自我经验,建构新的知识结构体系,从而实现自我的充分发展。如果说教育的过程就是引导受教育者从此岸到彼岸,那么教育内容就是此岸到彼岸的桥梁,它不仅可以使学生顺利地到达彼岸,还可以让学生欣赏到它的魅力,汲取丰富的营养,实现自我成长成才。由此可见,教育内容是重要的一种教育资料,是教师和学生交往的重要媒介。同时,它也是教师开展教学的基本依据和准绳,是学生学习内容的来源。

(二) 教育内容是实现教育目的的途径

教育内容与教育目的具有密不可分的关系。教育目的是教育要达到的预期结果,表现为教育对人的培养规格标准和社会倾向性等方面的要求。教育目的既是社会对受教育者的期望,更是国家对学校人才培养的要求。因而,教育目的是教育内容选择的依据和标准,教育内容是实现教育目的的途径,二者相互作用、相互依存。一方面,教育目的制约着教育内容的选择,有什么样的教育目的就有什么样的教育内容,教育内容必须以实现教育目的为根本准则;另一方面,教育内容反作用于教育目的,积极有效的教育内容有利于教育目的的实现,反之则不利于教育目的的实现。

(三) 教育内容是教育评价的依据

学校教育是否达到了教育目的？有没有促进学生的身心发展？教育教学质量如何？这些需要通过教育评价进行判断。教育评价是指以实现国家教育目标为价值标准，以一定的评价指标体系为依据，对学校教育的教学活动、教学条件、教学效果进行的系统考察和价值判断。这里一定的评价指标体系主要是围绕教育内容构建的。教育评价通过评价学生对教育内容吸收、内化的程度，对教育活动的效果进行价值判断，促进学校教育持续改进，从而提高学校的教育质量。

第二节 教育内容的载体

教育内容的载体在不同历史发展阶段有不同的表现形式，在我国古代曾经使用过的教育内容有"四书""五经"等经典著作。20世纪以后使用的是"课程""教材""教学计划""教学大纲"。随着我国课程改革的深入发展，现在教育内容的主要载体有"课程""教材""课程计划""课程标准"等组织形式。

一、课程

(一) 课程的内涵

"课程"一词有着古老的渊源。最早关于课程的思想是随着教育的产生而产生的。如古希腊时代教学内容中的"七艺"，以及我国古代的"六艺"，实际上就是一种课程安排。从词源学来看，在我国，"课程"一词最早见于唐代孔颖达《五经正义》中的"教护课程，必君子监之，乃依法制"。但孔颖达用这一词的含义与我们现在所说的"课程"相去甚远。宋代朱熹在《朱子全书·论学》中多次提及课程，如"宽着期限，紧着课程""小立课程，大作工夫"等，这里的课程主要是学习的课业及其进程。在西方，课程(curriculum)一词源于拉丁文(curse race cours)，原意是指跑道、进程，后变成教育术语，最早出现在英国教育家斯宾塞《什么知识最有价值？》(*What knowledge is of most worth*，1895)一文中，主要是指学习的进程。有学者对课程的定义做了梳理，认为已有的各种"课程"的定义，大致上可分为以下六种类型。①

1. 课程即教学科目

课程就是教学科目,对课程的这种理解源远流长。最典型的代表莫过于我国古代的"六艺""四书""五经"以及中世纪欧洲的"七艺",它们都是基于这一理论建立起来的。课程即教学科目,实质上是对学生在学校学习内容的固化,强调学校教育就是向学生传授系统的科学文化知识,忽视了人的发展本质,不利于实现人的全面发展,特别是在当今社会,学校教育不仅要教授学生学会课程知识,还要培养学生会学课程知识以及学习课程知识以外的知识,促进学生实现全面发展。其实,现代学校为学生提供的学习范围,远远超出了正式列入课程的学科,因此,简单地将课程等同于教学科目,不利于现代学校教育的发展。

2. 课程即教学计划

我国有学者认为,课程是指一定学科有目的、有计划的教学进程。这个进程有量、质两方面的要求,它也泛指各级各类学校某级学生所应学习的学科总和及其进程和安排②。这一定义虽然较前一定义更加全面,但其关注点依然放在教学活动上,忽视了学生的实际体验。

3. 课程即学习经验

课程即学习经验的观点是由美国教育家杜威提出的。他反对课程是活动或预先决定的目的这类观点,而把课程看作是学生的学习经验。但由于学生的学习经验没有和学生的个人经验相区别开来,从而使这一定义过于宽泛,且由于不同学生个体差异很大,这一定义在实践中很难实施。

4. 课程即社会文化的再生产

鲍尔斯和金蒂斯被认为是这一主张的重要代表人物。在他们看来,任何社会文化中的课程,事实上都是该种社会文化的反映,学校教育的职责是要生产对下一代有用的知识和价值。政府有关部门根据国家需要来规定所教的知识、技能等,专业教育者的任务是要考虑如何把它们转换成可以传递给学生的课程。其实质是课程应反映各种社会需要,使学生能够适应社会。③

从以上对课程的定义我们可以看出,课程的概念是随着社会的发展而不断发展的概念。具体来说,课程的概念有广义和狭义之分。广义的课程概念是指学校为实现培养目标设置的教育教学因素的总和。狭义的课程是指学校开设的教学科目以及它们之间的

---

① 施良方.课程理论:课程的基础、原理及问题[M].北京:教育科学出版社,1996:3.
② 吴杰.教学论·教学理论的历史发展[M].长春:吉林教育出版社,1986:5.
③ 全国十二所重点师范大学联合编写.教育学基础[M].北京:教育科学出版社,2008:163.

开设顺序和时间的比例关系。①

(二) 课程分类

出于本书编写的需要,这里讨论的课程分类,主要是指军队院校的课程分类。根据不同的分类标准,军队院校教育的课程可以划分为各种不同的类型。

按层次分,军队院校课程可以分为公共课、专业基础课和专业课程。军队院校教育是高等教育或者建立在高等教育基础之上的专业教育。根据专业学习逐步递进的层次,参照我国普通高等院校课程设置,把军队院校课程划分为公共课、专业基础课和专业课程。所谓公共课,就是实施基础教育的课程,各个不同专业的学生都必须修习,它们不与所学专业直接相联系,但都为日后专业课程的学习打下基础。因此,公共课也被称为公共基础课或基础课,如马克思主义理论课程、思想政治课程、外语课程、军事体育课程等。近年来,一些人文教育的课程,如文化、历史研究、文学艺术、伦理、科学等也陆续进入高等院校或军队院校的公共课中。国外院校则称这类课程为核心课程。是各个专业学生都必须修习的基础性课程。专业基础课是指涉及本专业基本理论、基本技能的课程,其主要目的是为学员学习专业知识、发展专业技能打下坚实基础。专业课是围绕某专业的中心组成部分而进行的专业理论和技能的学习,帮助学生掌握该专业领域的基础知识和发展动态,形成一定的专业技术。

按性质分,可以把军队院校课程分为学科课程、术科课程、课题课程、综合课程和养成课程。学科课程又称分科课程,是以某一学科的基本知识为中心组成的各自独立完整的内容体系,注重科学概念、基本原理、基础知识的阐述,因而具有较强的科学性、系统性和稳定性。术科课程是为训练学员掌握武器装备的操作、使用、维修等基本技术和技能而编制的课程,其操作性和针对性强,主要偏重操作和使用技能的训练。课题课程是以军队建设和未来战争中的某些重要课题为核心,将课题所涉及的各学科内容整合为知识模块进行教学的课程,具有很强的针对性、实用性和综合性,也被称为专题课程。综合课程是将若干学科的相关知识按照某一逻辑主线联系起来的课程,它强调知识的横向联系,克服了学科课程在阐述某些事实或问题时的孤立性和片面性,帮助学生全面了解知识之间的联系,有助于建立多维交叉的知识结构,培养创造力和综合思维能力。养成课程是指通过条令条例、课外活动以及军校传统、校风学风、环境等实施潜移默化的影响从而有效地促进学员综合素质养成的课程。

按形式分,军队院校课程可以分为必修课程和选修课程。必修课程是指学员必须学

---

① 潘宝红.教育学[M].北京:北京师范大学出版社,2015:136.

习的课程。选修课程是指学员不受限制,可以根据自己的兴趣、爱好、特长等进行自由选择的课程,这类课程有助于提高学员的学习积极性,扩大学员的知识面,使学员个性得到发展和完善。

按功能分,军队院校课程可以分为理论性课程与实践性课程。理论性课程主要是传授学员某一知识领域的系统知识,培养其理论思维能力。而实践性课程则是利用课程计划中的实践活动去发展学员的多种实践能力,尤其是解决问题的能力。

按表现方式分,军队院校课程可以分为显性课程和隐性课程。显性课程是指院校教育中有计划、有组织地实施的"正式课程"或"官方课程"。隐性课程则是学员在学习环境中所学习到的非预期或非计划性的知识、价值观念、规范和态度。这是非正式的、非官方的课程,具有潜在性。隐性课程与显性课程有三方面的区别:一是在学生学习的结果上,学生在隐性课程中得到的主要是非学术性知识;而在显性课程中获得的主要是学术性知识。二是在计划性上,隐性课程是无计划的学习活动,学生在学习过程中大多是无意接受隐含于其中的经验的;而显性课程则是有计划、有组织的学习活动,学生有意参与的成分很大。三是在学习环境上,隐性课程是通过学校的自然环境和社会环境进行的;而显性课程则主要是通过课堂教学来进行的。

(三) 课程改革

学校教育的主要任务是通过开展教育教学活动为社会发展培养人才,而人才培养是通过课程来实现的,课程是学校教育的核心。如前所述,课程是一个发展的概念,是随着社会的发展而发展变化的。进入 21 世纪以来,随着教育信息化的加快发展,教育内容、教育模式以及教育对象等都发生了翻天覆地的变化,作为学校教育的核心——课程,需要迅速做出反应,及时进行改革,才能适应社会经济和学生发展的需求。

1. 课程改革的目的

(1) 完善课程体系

课程是实现教学目标的主要载体,完整的课程体系是促进学校教育教学质量的落脚点。但是,我国课程设置由于受传统课程理念影响,造成课程结构单一、过于强调学科本位以及科目过多等问题长期存在,不利于学生的个性发展和全面发展。随着社会经济的发展,目前的课程体系越来越不适应现代社会对人才发展的需要,因而,深刻分析我国学校教育课程体系的现状,构建科学合理的课程体系,对我国教育事业发展具有重要的意义。

(2) 改革课程内容

课程内容改革是教育教学改革的关键,课程内容的设置一方面要遵循教育目的的要求,另一方面要符合学生身心发展的需要,遵循学生发展规律。但目前的课程内容相对陈旧,与学生实际关系不大,同时过于重视课本知识的传授,不利于学生的个性化发展,影响了学校的教育教学质量。因而,理清课程内容设置存在的现状,优化课程内容,成为目前课程改革的重中之重。

(3) 转变课程评价理念

课程评价是衡量学校教育教学质量的主要手段,是课程改革需要特别关注的重要内容,科学合理的课程评价可以调动学生、教师的积极性,促进课程发展。课程评价主要包含课程对学生的知识与技能的影响力的评价,也包含课程对学生思考力、判断力与表现力等方面的评价。课程评价既是对课程的价值判断过程,又是课程利益相关方的多向交流、理解与达成共识的过程。① 但是目前的课程评价过于重视分数,强调选拔功能,严重影响了学生的全面发展。因而,构建科学有效的课程评价体系,是当前课程改革亟需解决的问题。

2. 课程改革的措施

(1) 树立"以学生为中心"的课程理念

学生是学校教育教学的主体,促进学生全面发展,为社会主义建设培养合格的建设者和接班人是我国学校教育的根本任务。因而,学校的课程设置必须以学生为本,在课程设置时,充分考虑学生的现实情况。学校的管理者、教师都应树立新的学生观,转变传统的教育教学理念,树立"以学生为中心"的课程理念。课程是为了学生的发展而设置的,学生是课程教学的主人。课程改革最终的目的就在于促进每个学生的发展,使所有的学生在课程教学中都能够实现充分学习、学会学习与发展,促进个体社会化。

(2) 加快推进课程内容改革

课程内容是随着经济社会的发展以及人自身的发展而逐渐推陈出新的。在信息化背景下,知识的更新换代可谓日新月异,及时更新学校的课程内容就显得更为必要。因此,课程内容选择需要着眼于学生全面发展,培养学生终身学习能力,以适应急剧发展的社会需求,满足不同学生的发展需要。与此同时,在课程内容与课程实施上加强实践性,关注学生的兴趣爱好,把握学生的已有学习经验,要求精选的课程内容符合学生的身心发展水平,有利于学生的健康快乐发展。

3. 采取多样化的课程评价形式

课程实施的目的就是促进学生在德、智、体、美、劳五个方面全面发展,因而课程评价不能只关注学生的"智",以分数评价学生综合素质。课程评价采取多样化的评价形式,

---

① 吴婷琳.现代职业教育课程体系建构的路径选择[J].江苏高教,2020(5):120.

关注学生多方面的能力,有利于促进学生全面发展与个性发展相结合,有利于学校教育教学质量的提升。

二、课程标准

课程标准是国家对基础教育课程的基本规范和要求,它是各学科的纲领性指导文件,发挥着教学工作的"组织者"作用,可以确保不同的教师有效地、连贯地、目标一致地开展教学工作。编写课程标准是开发课程的重要步骤①。课程标准主要分为两大部分:说明部分和正文部分。说明部分言简意赅地介绍了某一门学科开设的目的、需要达到的教学目标、教材编写原则和教学过程教学方法的选择建议等方面;正文部分是课程标准的主要部分,该部分全面介绍了一门学科全部教材的主要课题、要目或章、节,规定了每个课题教学的要点和时数,并编有练习、实习、实验、参观等实际作业的要求以及其他教学活动的时数。国家课程标准是整个基础教育课程改革系统工程中的一个重要枢纽,它统领课程的管理、评价、督导与指导。

三、教材

教材即课本,它是依据课程标准编制的、系统反映学科内容的教学用书,是课程标准的具体化。教材通常按学年或学期分册,划分单元或章节。它主要由目录、课文、习题、实验、图表、注释和附录等部分构成,课文是教材的主体部分。教材的编辑要妥善处理思想性与科学性、观点与材料、理论与实际、知识和技能的广度与深度、基础知识与当代科学新成就的关系。②

关于教材在教学中的作用,随着教育教学的发展而有所变化。教材作为教师教和学生学的主要材料,可以帮助学生系统地掌握教师讲授的知识,有利于学生课前预习、课后复习和完成家庭作业,因而,教师在教学的过程中,不仅要教会学生教材上的知识,更重要的是要教会学生使用教材的方法。同时,教材是教师进行教学的主要依据,它为教师备课、上课、布置作业、评定学生学习成绩提供了基本材料。这里我们需要强调的是教材是教师开展教学的主要依据,但是不是唯一依据,特别是在教育逐步走向现代化的时代背景下,学生获取知识的渠道多种多样,教师如果只教教材的话,很难满足学生对知识的

---

① 全国十二所重点师范大学联合编写.教育学基础[M].北京:教育科学出版社,2008:172.
② 全国十二所重点师范大学联合编写.教育学基础[M].北京:教育科学出版社,2008:172.

渴望。在这种情况下,要求教师必须合理使用教材,除了教授教材上的系统知识给学生,还要围绕教材内容做适度的扩展,丰富教学内容,以调动学生学习的积极性,促进学生学习效果的提升。

第三节　我国的教育内容

教育内容的出发点和归属都是为了教育目的的实现,我们的教育目的是促使人实现德、智、体、美、劳五个方面的全面发展,成为社会主义事业的合格建设者和接班人,所以,我国的教育内容必须满足人的全面发展的需要。全面发展的教育是对人含有的各个方面能力素质培养的整体教育的一种概括,是对为了使教育对象各方面得到长足发展而采取的多种能力素质培养教育活动的总称,由德育、智育、体育、美育、劳动技术教育五个方面既相互联系又各具特色的教育内容所组成。

一、德育

(一) 德育的内涵

关于德育的概念,我国学术界还没有统一的定义,一般来说,德育是教育者依据特定的社会要求和德育规律,对受教育者实施有目的、有计划的影响,培养他们特定的政治思想意识和道德品质的活动。它相对于体育、智育而言,是思想教育、政治教育和道德教育的总称。德育包括家庭德育、学校德育、社会德育等形式。学校德育是教育者根据一定社会或阶级的要求和受教育者品德形成的规律和需要,有目的、有计划、有组织地对受教育者施加社会思想道德影响,并通过受教育者品德内部矛盾运动,使其形成教育者所期望的品德的活动。[①]

(二) 德育的任务

德育包括家庭德育、学校德育以及社会德育。不同类型的德育所承担的德育任务当然也是不同的,我们这里所讨论的德育任务主要是指学校德育的任务。学校德育任务是

---

① 焦峰.教育学基础与案例教程[M].北京:国防工业出版社,2014:207.

指教育目的所规定的学校教育应该实现的德育目标,是对德育活动结果的预设。在我国,中小学德育工作的基本任务是培养学生树立正确的世界观、人生观和价值观。具体来说,德育的主要任务包括:培养学生良好的道德品质,使学生成为具有良好社会公德、文明行为习惯的遵纪守法的好公民;培养学生正确的政治方向,使学生形成正确的政治信念,具有为国家富强和人民富裕而努力奋斗的献身精神;培养学生良好、健康的心理品质,使学生能正确认识自己、适应社会,健康成长。①

(三) 德育的功能

(1) 有利于学生形成正确的世界观、人生观和价值观。德育位于"五育"之首,是学校教育工作的核心和关键,关系到教育"培养什么人、怎样培养人、为谁培养人"这一根本任务。德育强调的是人之为人的根本,是人才培养的基础,有什么样的德育,就培养出什么样的人才。学校教育必须坚持"育人为本,德育为先",加强学生的思想品德教育,引导学生形成讲道德、尊道德、守道德的生活习惯,形成向上向善的良好品质,促使学生树立正确的世界观、人生观和价值观,培养学生具有良好的道德品质和正确的政治方向,热爱祖国,热爱人民,成为合格的社会主义接班者和建设者。

(2) 有利于学生身心的健康发展。青少年是祖国的花朵,是未来中国特色社会主义国家的中流砥柱。党的十九大报告明确指出:"青年兴则国家兴,青年强则国家强。青年一代有理想、有本领、有担当,国家就有前途,民族就有希望。"社会主义社会培养的人,是有理想、有道德、有文化、有纪律的全面发展的人,青少年处于人生发展的关键期,具有很强的可塑性,这个阶段形成的世界观、人生观和价值观对青少年具有巨大的影响,可以说,青少年时期是德育教育的最佳时期和关键时期。在学生阶段,加强德育教育,正确引导,有利于提高学生的思想政治觉悟,使其形成良好的道德品质,对于学生的身心健康发展具有重要的意义。

(3) 有利于智育、体育、美育、劳动技术教育的顺利开展。德育是智育、体育、美育、劳动技术教育顺利实施的根本保障,德育可以使学生树立正确的世界观、人生观以及价值观,成为有理想、有抱负的好少年,具有很强的学习动机和学习积极性,在教育教学过程中,积极参与教育教学活动,提高智育、体育、美育和劳动技术教育的教学质量。同时,德育还具有价值引领作用。德育教育必须贯穿于其他四育教育的始终,其他四育必须以德育为方向,德育可以促使智育、体育、美育和劳动技术教育发挥更好的作用。

---

① 丁锦宏.教育学基础[M].北京:高等教育出版社,2009:117.

（四）德育的途径

作为教育活动的重要组成部分，德育具有复杂性、系统性、示范性以及实践性特点。德育的特点决定了德育教育是一个长期的、复杂的过程，因而需要我们采取正确的教育方式和方法，灵活多样的教育形式，促进学生形成良好的思想品德。

1．加强思想品德课程德育教育的重要作用

思想品德课的根本任务是帮助学生树立正确的思想观念，成为新时代社会主义事业的合格建设者和可靠接班人。思想品德课作为学生德育教育的主要渠道，是学生树立正确的世界观、人生观和价值观，培养爱国主义情怀，促进学生全面健康发展的根本保障，因而，其教育内容必须以社会主义核心价值观为重点，贴近学生生活实际，讲清、讲透社会主义核心价值观的深刻内涵，使其深入人心，成为青少年学生的行为准则和标准。同时，思想品德课还应该加强学生道德判断能力和道德实践能力的培养，并将这两项能力作为重要的教学目标，帮助学生在文化多元、价值多样、信息多变的时代背景下坚持正确的政治方向，理清纷繁复杂的道德现象，理性解决道德冲突。德育教育具有很强的实践性，因而学生只掌握德育知识和理论，意识到德育的重要性还远远不够，德育教育需要密切联系学生的实际生活，深入到德育实践之中，将德育教育内容内化为学生的个人道德需求，外化为日常生活中积极上进的外在的道德行为。

2．发挥教师引领示范作用

教师作为学生德育教育工作实践的主要引导者和主力军，发挥着重要的作用，教师的言传身教对学生具有潜移默化的重要影响。客观上说，德育教育过程不仅视受教育者为根本出发点和落脚点，而且对教育者也提出了很多要求。教师是学生在人生成长过程中的重要陪伴者、关注者、指引者、纠偏者。特别是教师自身的师德状况是德育教育工作的生命线，对德育教育的效果具有重要的基础保障作用。学生的道德教育和个人道德品质的养成也贯穿于整个教育教学的全过程，教师的言行举止向学生十分清晰、直观、生动地传递着"道德的观念"。对于学生而言，这种"关于道德的观念"也更容易接受和模仿，内化为学生的道德需要，激发学生的道德意愿，形成积极的道德情感和坚定的道德意志，并最终促使道德行为发生和习惯养成。可以说，教师的这种人格魅力和榜样作用有机地构成了学生学习生活的现实伦理环境，持续高效地发挥着德育的重要作用。

3．加强劳动和社会实践

德育教育目标的实现不能仅仅限于课堂教学和教育理论灌输，需要融入劳动教育和社会实践，在劳动和社会实践中进行教育。德育如果离开了学生的现实生活，就有可能陷入形式化、纯理论教学的境地，就容易造成"当孩子们进入课堂时收起了生活中的话，当他们进入生活时又收起了课堂中的话"这样一种课堂与生活相脱节的现象,导致学生学习与生活难以联系在一起,很容易使教育活动游离于德智体美劳全面发展的社会主义建设者和接班人的教育目标之外。生活是道德教育、道德养成的现实场域,无论是从生活在现实中的学生来看,还是从形成道德认知、培养道德情感、锤炼道德意志、坚定道德信念、践行道德行为这个道德形成的一般过程和规律来看,都必须做到道德教育与现实生活的融通,在劳动中成长成形,只有这样,才能在具体且丰富的现实生活中持续进行德育问题的碰撞和思考,不断进行道德养成的训练,才能健全和丰富学生的道德思维和道德智慧,切实有效地实现德育目标。

二、智育

(一) 智育的内涵

提起智育,我们首先想到的就是教学,智育是通过传授科学文化知识以促进学生发展的教育,教学的直接表现形式就是传授科学文化知识,所以很多人把智育等同于教学。其实,智育和教学既有联系,又有区别。智育,即智力教育,是教育者通过传授系统的科学文化知识、技能,促进受教育者智力发展的教育,智育是我国全面教育的重要组成部分。而教学包括教师的教和学生的学两个部分,是学校的核心工作。教学是智育实现的主要途径,但不是唯一途径,除了教学外,还可以通过其他更广泛的途径。同时,教学的目的也不是仅仅为了促进学生智育的发展,除智育外,教学也是实现德育、美育、体育、劳动技术教育的重要途径。

(二) 智育的任务

智育的目的是促进人的心智发展,为人的全面发展提供知识和智力支撑。智育以知识传递为核心,通过有计划、有目的、有组织地传递系统的科学文化知识,培养和提高学生的基本素质。现代社会,随着知识的"爆炸",信息量不断增长,知识传播的途径越来越多,仅靠智育,已经无法完成知识的传授任务,因此,智育在传授知识的过程中,不仅要教学生"学会",还要教学生"会学",培养学生的学习能力。特别随着终身学习理念的深入人心,社会的发展需要"活到老学到老",学会学习对于学生来说尤为重要。只有如此,学生以后才可以有效地适应社会的发展,成为社会主义事业的合格建设者和接班人。

(三) 智育的意义

智育是人类社会文明进步的必要条件,是个体全面发展的重要组成部分。人类在社会生产实践中,基于生存和延续后代的需要,逐步积累了丰富的生产、生活经验,形成了系统的科学文化知识,随着社会生产实践的精细化发展,促进了人类智力的发展。而智育的职能正是将人类的知识和智力的成果,一代一代地传递下去,使每一代人都能够继承前人创造的一切文明,并使下一代人有可能在前人基础上进一步丰富、发展人类已有的文化财富,从而使得整个社会文明不断地进化。没有智育,就没有科学和智力的再生产,人类创造的一切物质财富和精神财富,都不可能延续、发展,人类自身的发展也将停滞。[①] 当今社会,随着信息化、网络化、现代化的进一步发展,智育在社会生活中的作用越来越重要,因此,加强智育教育,是适应现代化社会发展的根本要求,是培养新时代社会主义事业建设者和接班人的根本任务。

德智体美劳是全面发展教育的主要内容,在"五育"之中,智育起着基础性的作用。德育、体育、美育、劳动教育的发展需要一定的知识技能,习得相应的学习能力,不仅要会学习,还要具备愿意学习的动力。智育教育的目的是发展学生的智力和非智力因素,而智力和非智力因素是其他各育发展必不可少的条件。因此,智育教育是促进人的全面发展的基础,没有智育的发展,德育、体育、美育、劳动教育的目的就难以实现。

三、体育

(一) 体育的内涵

体育是随着生产的发展、社会的变化而发展变化的。与其他教育概念相对应,体育的概念也有广义和狭义之分。广义的体育是学校文化教育的重要组成部分,是提高人民健康水平,增强人民体质,丰富社会文化生活,提高社会生产力的重要手段;狭义的体育是就学校体育而言,它是促进学生身体全面发展,增强学生体质,学习体育知识、技能和培养意志品质的一种有目的、有计划、有组织的影响活动,它是全面发展教育的重要组成部分。[②] 体育不同于我们日常生活中所说的体力劳动,体育是有组织、有计划、有目的的教育活动,其根本目的是通过科学的锻炼促进个体基本活动能力和身体素质得到长远的

---

① 南京师范大学教育系.教育学[M].北京:人民教育出版社,2005:191.
② 南京师范大学教育系.教育学[M].北京:人民教育出版社,2005:895.

发展。而体力劳动局限于某些固定形式的劳动,是人们为了完成某项任务而必须付出的体力工作,是与脑力劳动相对应的一个工作模式,不具有促进个体基本活动能力和提高身体素质的功能。

(二)体育的任务

(1)锻炼学生身体,提高学生身体素质。身体是革命的本钱,青少年作为我国社会主义事业的建设者和接班人,其良好的身体素质是成为国家栋梁之才的根本保障。因而,学校教育需要通过开设体育课的形式,指导学生进行科学的锻炼,促进学生身体的正常发育,不断增强学生的体质,提高健康水平,保障学生可以顺利地完成学业。

(2)习得体育基本知识和技能、技巧。体育是学校教育的重要组成部分,对于处于迅速成长过程中的青少年学生来说,体育锻炼必不可少,但是体育如果要发挥应有的教育作用,必须掌握科学合理的锻炼方法,否则体育锻炼不仅不能促进学生身体素质的发展,还会给学生的身体发展带来不利影响。学校体育通过教学活动,教会学生科学锻炼身体的方法,督促学生养成自觉锻炼身体的好习惯,积极主动进行体育活动,提高自身的身体素质。

(3)磨炼学生的坚强意志。体育是学校教育的内容之一,学校教育的根本目的是促进学生的全面发展,所以体育理所当然地要承担一定的思想品德教育任务。同时,体育运动由于其自身的特征,又自然包含丰富的思想品德教育因素,如学生在体育锻炼中,必须要有一定吃苦耐劳的精神来克服运动过程中遇到的困难,这对培养学生刻苦耐劳、坚韧不拔的意志品质有一定作用;在学校中经常开展一些体育竞赛,竞赛中勇敢顽强、灵活机智、不甘落后的进取精神是今后从事任何工作不可缺少的品质;竞赛中,还必须正确处理个人与个人、个人与集体、集体与集体之间的关系,提倡团结友爱、互助合作的集体主义精神;此外体育教学和竞赛都要求学生按一定的规章制度进行,要求学生具备高度的组织性和纪律性,对培养学生服从领导、遵守纪律、热爱组织等品质也有一定作用。

(三)体育的基本要求

根据体育的目的和任务、体育过程的特点以及青少年生长发育的基本规律和各器官系统的生理特点,学校体育有以下几项基本要求:

1. 体育活动的系统性

体育的目的是促进学生的正常发育,提高学生的身体素质,增强学生的体质,因而,学校体育活动的开展必须采取有计划、有组织的系统性教育形式。根据学生的不同年龄阶段,开展不同的体育活动。同时,由于人体结构的复杂性,体育运动中的某项运动只能重点发展身体某一方面的素质,所以它对身体的发展有一定的局限性。特别是学生正处在身心迅速成长时期,坚持系统的锻炼,对促进他们的健康成长、发育有重要作用。教师应注意各类活动内容的搭配,以系统锻炼学生的体质。

2. 体育锻炼的规律性

体育锻炼的规律性是指体育锻炼必须遵循学生身心发展和教育教学的规律,不能单纯为了体育运动而开展体育运动。同时,在尊重规律性的基础上,也要坚持开展体育活动,促使体育活动的经常化。体育活动对学生身体的影响不是显著变化的,一般短期内很难见到效果,因而教师要用"贵在坚持"的精神教育学生,引导他们把锻炼身体与培养坚强的意志结合起来,努力做到冬夏不断、持之以恒。

3. 体育锻炼的适度性

过犹不及,在体育活动中尤为重要。青少年身体发展处于关键时期,过量的体育锻炼可能会适得其反,而不足的体育锻炼又起不到应有的作用,因而把握体育锻炼的适度性非常重要。只有适度的体育锻炼,才能对学生的身体和健康产生积极的影响。一般来讲,运动的适度是相对的,运动量的增加是一个由少到多,由小到大,加大、适应、再加大、再适应的过程,所以运动的适量并不是一成不变的,教师要注意合理安排学生的运动量,逐步提高,切忌急于求成,造成损伤,影响学生的身体发展。

四、美育

(一) 美育的内涵

美育是通过自然美、社会美、艺术美的教育,培养学生正确的审美观点和感受美、鉴赏美、创造美的能力。美育也有广义和狭义两种理解。狭义的美育就是艺术教育,它可以被视为与音乐、美术、文学等艺术学科有关的教育。广义的美育是指通过艺术和学校现实生活中的美好事物进行的审美教育。在这种理解下,美育包括艺术教育,但又不局限于艺术教育,有着更广泛的内容和形式。[①] 美育具有形象性、情感性、吸引性和渗透性等特点,对学生具有潜移默化的影响作用。

(二) 美育的任务

从美育的内涵界定,我们可以看出,美育的主要任务是培养学生发现美、感受美、鉴

---

① 冯建军.教育学基础[M].北京:中国人民大学出版社,2012:243.

赏美和创造美的能力。

生活中不缺少美,只是缺少发现美的眼睛,因而美育的首要任务是培养学生发现美的能力,能通过自己的眼睛发现生活中存在的美,感受美,并能感受到美带来的愉悦感。其次,还要培养学生鉴赏美的能力,社会生活中存在各种各样的美,学生要懂得分辨真善美和假善美。正确的审美观和鉴赏能力,不仅表现在对自然美的鉴赏上,也表现在正确地理解和评价社会生活中的美和艺术作品的美。青少年们对美有强烈要求。他们探索做什么样的人最美,什么样的语言和行为最美,什么样的发型、衣着最美。美育中要培养他们高尚的审美情趣,正确的鉴别和评价美的标准,促进青少年身心健康成长。最后,培养学生创造美的能力。学生具有发现美、鉴赏美的能力还远远不够,美育的另一个重要任务是要培养学生善于表达美。如美化学校环境,布置教室和会场,创造出一个标准化的教育环境激发学生对美和艺术的爱好,培养和发展学生创造现实美和艺术美的才能和兴趣。

(三)美育的意义

爱美之心,人皆有之。加强美育,一方面有助于社会的发展,提高人们的生活质量。随着人类社会的发展、物质生活水平的提高,人们对美的要求越来越高,美育通过培养学生感受美、鉴赏美的能力,可以帮助学生树立正确的审美观,引领学生追求美好的生活,在实现个人发展的同时,促进社会的发展。另一方面,美育是全面发展教育的重要组成部分,美育的实现有利于促进其他各育的发展。美育可以渗透到其他各育的方方面面,对人的整个身心发展起着潜移默化的作用。美育对德育、智育、体育、劳动技术教育都具有积极的促进作用,它们之间相辅相成、互相促进。

五、劳动教育

(一)劳动教育的内涵

2020年教育部印发的《大中小学劳动教育指导纲要(试行)》指出,劳动教育是发挥劳动的育人功能,对学生进行热爱劳动、热爱劳动人民的教育活动,要强化学生的劳动观念,弘扬勤俭、奋斗、创新、奉献的劳动精神;强调全身心参与,手脑并用,亲历实际的劳动过程;要在充分发挥传统劳动工艺项目育人功能的同时,紧跟科技发展和产业变革,体现时代要求;还要充分发挥学生的主动性、积极性,鼓励创新创造。

(二)劳动教育的内容

根据《大中小学劳动教育指导纲要(试行)》的规定,劳动教育的内容主要包括日常生活劳动教育、生产劳动教育和服务性劳动教育三个方面。其中,日常生活劳动教育要让学生立足个人生活事务处理,培养良好的生活习惯和卫生习惯,强化自主自强意识;生产劳动教育要让学生体验工农业生产创造物质财富的过程,增强产品质量意识,体会平凡劳动中的伟大;服务性劳动教育要注重学生利用所学知识技能服务他人和社会,强化社会责任感。

(三)劳动教育的意义

劳动教育是创造物质财富和精神财富的过程,是人类特有的基本社会实践活动。通过劳动教育,让学生亲历实际的劳动过程,通过劳动观察思考,把所学的知识运用于解决实际问题,做到手脑并用,把理论和实践、感性知识和理性知识联系起来,有利于培养学生的动手操作能力。在劳动中,可以增强学生的体质,磨炼学生吃苦耐劳的精神,提升学生的品质。同时,劳动教育还可以强化劳动观念,在劳动中引导学生领悟劳动的意义和价值,形成勤俭、奋斗、创新、奉献的劳动精神。

第四节 军校教育内容

军队院校的教育内容主要以课程为载体,因而,探讨军队院校的教育内容,实质上就是探讨军队院校的课程建设。

一、军校教育内容的特殊性

(一)军校教育内容必须适应战争发展需要

军队院校自诞生之日起,就和战争形影相随,战争需要决定了军校教育的发展方向。首先,军校作为军事人才培养的主阵地,必须以军事战略方针为指导,院校的教育方针、教育目标、教育内容、教育形式都应以军事战略方针为行动纲领。其次,军校教育必须与战争形态相适应。从冷兵器战争形态下强调军人体能培养到热兵器战争形态下强调军人专业技能培养,从信息时代要求培养军人的综合素质到联合作战时代要求培养军人联合作战能力,战争形态的转变对军校人才培养的内容、培养的形式都提出了新要求,军校教育必须与之相适应。

(二)军校教育内容必须适应军队建设需要

首先,军校教育要与军队建设发展的规模和速度相适应。军队建设中,不同时期对各级各类人才的需求是不断变化的,各级各类院校所占的比例、学科、专业、课程等都需要及时做出相应的调整。其次,军校教育要与军队建设思想相适应。不同历史时期,国内外局势变化,国家军事建设任务不同,军队建设思想不同,军校教育的发展方向也要随之调整,从数量扩大到质量提升,从强调人力到强调科技,军校教育必须积极适应新时期军队建设思想,努力为军队现代化发展提供人才和智力支持。最后,军校教育是军队建设的科技根据地,军队院校集中了先进的武器装备和高智商、高技术的人才,加快推进科技创新,模拟实战分析战例,为新技术条件下的军队建设提供科技支持。

(三)军校教育内容必须体现"军味"

军队院校课程设置不仅受到政治、经济、文化以及学员自身素质的影响,还受战争、军队建设和军事科学发展的影响,这是军校课程与普通高校课程设置的本质区别。首先,从战争实践中形成和总结的战斗经验、战斗技能需要通过系统的总结和凝练,转化为军校教育的课程内容,因此,军校的课程设置充满了"军味",通过全方位、浸润式的课程教授,学员习得了军事知识,提高了军事技能,为打赢战争做准备。其次,军事领域的新知识、新技术、新装备、新战法要及时纳入课程内容,保证教学内容始终与军事发展最前沿同向同行,使学员获得的知识和能力与作战需求相适应。军校现行的课程主要有科学文化课程、军事基础课程、专业课程、任职课程。军队院校的科学文化课程是军校的基础课程,注重培养学员人文素养、价值选择、鉴赏能力、思维能力、明辨是非能力等。军事基础课程是军校的核心课程,注重培养学员的军事基础知识、基本技能、军事体能。专业课程是军校的重要课程,注重培养专业能力、专业素养。任职课程是军校的拓展课程,注重对学员的综合能力、任职能力进行培养。

二、军校教育内容选择的影响因素

(一)政治、经济、文化因素的影响

政治对军队院校课程具有十分重要的影响。军队院校课程具有十分鲜明的阶级性,

统治阶级根据自己的利益、愿望和要求,从政治上制定教育目标和培养目标,从而直接影响着课程目标。我军院校的课程都是以马列主义、毛泽东思想、邓小平理论、"三个代表"重要思想、科学发展观、习近平新时代中国特色社会主义思想为指导,课程目标必须为培养社会主义事业接班人服务。因此,关于马列主义、毛泽东思想、邓小平理论以及社会主义理论和党的建设理论等思想政治方面的内容,都成为我国军队院校课程的重要组成部分。

经济因素也影响着军队院校的课程。与普通高等教育受到社会经济的直接影响不同,我军院校教育课程设置受到经济因素的间接影响。比如市场经济中提倡的法制、民主的思想,重视个人个性发展的思想等,对军队院校课程目标、课程内容的设置以及课程编制过程及编制主体的选择都会产生间接的影响。

文化因素也对军队院校课程设置有较大影响。如当今社会的多元文化、对人文文化的重视以及军队中联合文化的兴起等,都直接或间接影响着军队院校的课程设置。多元文化的思潮使军队院校在课程设置中以更加开放的心态来吸收和借鉴外来先进文化,用以改造自己的课程。而人文文化的回归则使人文课程成为军队院校课程中的宠儿,成为军队院校实施全面素质教育的重要渠道。联合文化的兴起则使得在军队院校课程设置中更加强调综合性课程、复合型课程的比重。

(二)战争和军队建设的影响

军队院校教育是根据战争和军队建设的需要来培养人才的,教学活动是军队院校人才培养的主要途径。而课程则是军校教学活动的主要中介和平台,军队院校教师的教与学生的学都是依据课程这一媒介的。可以说,军队院校通过课程教学来实现其教育目标,满足战争和军队建设需要。因此,军队院校课程设置不可避免地受到战争发展和军队建设的影响。首先,战争促进了军队院校课程的形成与发展。从战争实践中不断形成和总结的战争经验和战斗技能等,通过系统化地凝练与提取,转化为军队院校教育的课程内容,传授给学员,从而提高他们的军事知识和军事技能水平,满足打赢战争的需要。比如冷兵器时代,为了满足战争对军人体力和军事技能的需求,关于军人体能训练和军人骑、射、御等技能方面的内容,以及冷兵器时代的战争谋略等内容被转化成军事教育的课程内容进行传授。在热兵器时代,机械化战争对有关火器、火炮等的知识、技术以及相应的军事技能、军事理论等成为了军事教育的课程内容。而到了以信息技术为核心的信息化战争时代,为了满足信息化战争对联合作战指挥人才、信息作战人才、网络作战人才等的需求,关于联合作战、信息作战、网络作战等方面的知识和技能就成为了军队院校的课程内容。从战争发展脉络可以看出,军队院校课程设置与战争发展密切相连。随着战争形态从低级向高级的演变,军队院校课程也在从低级向高级、从简单到复杂、从单一向复合不断发展。其次,军队建设的需求也影响着军队院校课程设置。如机械化战争时代建设机械化军队与信息化条件下建设信息化军队的要求截然不同,建设机械化军队要求突出军人共性,要求培养军人的集体精神和服从意识,而建设信息化军队则要求突出军人个性,培养军人的个性和创造性。这决定了在军队院校课程设置的内容和重点上必然也有所不同。信息化条件下的军队院校教育更加强调突出选修课程、综合性课程、新兴课程的比重。

(三)军事科学技术发展的影响

军事科学技术的发展对军队院校课程设置有着直接的影响。首先,军事科学不断发展能够促进军事学科发展、完善,军事学科的发展和完善则为军队院校课程注入了新的内容。如信息技术在作战领域的运用推动了信息作战学科的形成,随之带动了一批关于信息作战方面的课程的形成。其次,军事科学技术的发展也促进了一些新课程的设置。军事科学技术的发展,一方面直接推动着军事学科的发展、完善;另一方面,促进了旧的武器装备不断更新,为了适应这一趋势,必须通过取消或改造旧的课程,开设新的课程来培养新式武器装备的使用和维护人才。此外,军事科学技术的发展,还引起了战争形态、作战样式、军事体制编制等方面的变革。如信息技术的广泛应用使得网络作战成为信息化战争的主要作战样式;航空技术的发展以及在军事领域的运用使得军队的体制编制出现了新的变化,"天兵"这一新的军种开始出现。为了适应这些新的发展,必须开设有关网络作战、太空作战以及天兵建设等方面的课程来适应新的需要。

(四)学员自身素质发展的影响

学员是教学的主体,课程设置合理与否,必须与学员身心素质的发展水平相一致,并且不断满足学员全面发展的需要。因此,学员自身素质发展的水平是军队院校课程设置的重要影响因素,必须充分考虑学员的发展状态与心理特征,根据学员智力、能力的水平、倾向及其潜力来选择和组织相应的课程内容。学生身心发展的特征表现为整体性、连续性、阶段性和个别差异性。军队院校课程的设置必须充分考虑学员身心发展的特征,使课程与学员的身心发展相适应。比如,学历教育学员与任职教育学员身心发展具有不同的特征,学历教育学员来源比较单一,知识水平相对均衡,心理发展水平和阶段基本相同,因此,课程设置可以按照其共性需要,按学科的基本结构来进行;而任职教育学员来源多样化,年龄和经历、阅历大不相同,身心发展水平也不相同,因此,必须考虑不同学员的个体差异来设置课程。此外,课程设置必须考虑学员的不同需要。如学历教育学员,希望在某一专业领域有所专长,满足专业发展需要,因此,课程设置要以学科为中心,必须按照学科知识发展的特点,把该学科专业的基础知识和专业知识传授给学员。任职教育学员,则希望通过院校教育获得所要任职岗位基本的技能和素质,满足岗位任职的需要,为此,课程设置要以岗位为中心,突出实用性、针对性。

(五)价值观因素

价值观因素也是影响军队院校课程设置的一个不可忽视的重要因素。从对上述课程理论流派的分析可以看出,各个课程理论流派的课程思想及主张的不同主要源于其秉承的价值观不同。持个人本位论的倾向于从学生的个体需要出发来设置课程,如杜威的经验主义课程理论以及罗杰斯的人本主义课程理论;持社会本位论的倾向于从社会的需要出发来设置课程,如社会改造课程理论;而持知识本位论的倾向于从知识、学科发展的需要来设置课程,如结构主义课程理论、永恒主义课程理论以及要素主义课程理论等。军队院校课程设置,课程编制者所持的价值观也是影响课程设置的重要因素。战争时期我军院校课程编制者主张社会本位论的价值观,从战争需要来设置课程。新中国成立后,受到苏联军队院校教育的影响,我军无论是学历教育院校还是任职教育院校,均是从学科出发来设置课程的,知识本位论的倾向十分明显。进入新世纪以来,随着信息化战争对人的创新性要求日益突出,个人需求在军队院校课程设置中的地位被加以突出,这就导致了军队院校在课程设置上更加关注学员的个性化需求,并以选修课的形式为学员提供个性发展的可能。此外,由于战争和军队建设的发展需要,我军院校教育体制也发生了深刻变革,从以学历教育为主向以任职教育为主转变,课程设置的价值观也发生了变化。在学历教育院校或任职教育院校的研究生教育中,依然是以知识论为价值取向,按学科来设置课程;而在任职教育院校,则以社会本位论为价值取向,按照岗位任职需要来设置课程。无论哪类院校的课程设置,都要充分关注学员个人发展需要。

三、军队院校教育内容选择的依据

首先,培养目标是军队院校课程设置的直接依据。军队院校培养目标确定了各级各类军队院校各个专业培养人才所特有的类型、层次、规格和素质要求,为军队院校课程设置提供了直接依据。军队院校课程是为实现培养目标服务的。培养目标是制定各类课程目标的基础,继而影响课程内容的选择以及课程实施方法、手段的选用等。培养目标的变化必然会引起课程设置的变化。"适应军队建设和打得赢、不变质需要",使受教育者成为德、智、军、体全面发展的高素质人才的总培养目标是我军院校课程设置总的指导。而各个专业培养目标又是不同专业课程设置的指导。课程设置必须以培养目标所规定的军事人才的规格、层次、素质要求为依据,为实现培养目标服务。

其次,战争和军队建设需求是军队院校课程发展的基本依据。如上所述,战争和军队建设需求是影响军队院校课程设置的主要因素,因而,在军队院校课程设置中,也必须以战争发展和军队建设对军事人才的新需求为依据。如未来信息化战争中,主要作战样式将从单一兵种为主的协同作战向诸军兵种一体化联合作战转变,因此,对联合作战指挥人才的需要极为迫切,要求军队指挥院校教育课程设置上必须改变以往按军兵种独立地设置专业和课程的模式,建立起适应联合作战指挥人才培养需要的课程体系。此外,军队建设需求也是军队院校课程设置的主要依据。如在建设信息化军队过程中需要大批掌握现代信息技术和其他高科技知识、具有复合结构、综合素质高、创新性强、个性突出的新型军事人才,这就要求军队院校在课程设置上起点要高,内容要具有先进性、综合性、创新性。再如,新时期军队履行新的历史使命以及军队参与非战争军事行动、应对非传统安全威胁的能力建设要求设置相应的课程,来满足军队建设需要。

再次,军队院校自身的现实情况以及学员自身情况是军队院校课程设置的现实依据。军队院校自身的现实情况主要是指院校的办学定位、资源优势(包括物质资源、师资资源和学科专业资源)以及办学传统等,它们对院校课程设置也有着重要影响。比如,军队综合学历教育院校,长期以来在某些学科和专业方面形成了优势,就可以充分依托现有的学科资源和办学积累的优势,开设多样化课程。如果不具备某一专业的基础,如学科基础、师资基础、实验设施等物质基础,就无法开设这一专业的相关课程。此外,军队院校课程设置还必须依据学员自身发展的特点。比如,学历教育院校和任职教育院校学员的层次、类型和成分有很大差异,开设的课程也应有所区别,学历教育院校主要以学科为中心来开设课程,任职教育院校主要以岗位能力为中心开设课程。在不同层次军队任职教育院校中,课程的开设必须考虑不同层次任职学员身心发展特点和岗位任职需要,如初、中、高级任职教育院校各自学员的教育背景、知识结构、技能和经验以及工作经历等各不相同,必须针对不同的学员现状和需求开设相应的课程。初级指挥任职院校主要围绕军兵种技战术开设相应课程,进行战术性训练;中级指挥任职院校则围绕军兵种协同战役开设课程,进行战役方面的训练;高级指挥任职院校则围绕诸军兵种联合作战开设课程,进行战略、战役训练。

最后,课程理论、教育理论、心理学理论等都为军队院校课程设置提供了理论依据。课程理论为军队院校课程的设置提供了直接的理论依据。如课程设置中三结合的价值取向,即"社会中心""学科中心""学生中心"三种价值取向的有机整合。军队院校在课程设置上,主要以"社会中心"的价值取向为主,充分考虑"学科中心"以及"学员中心"来设置课程。课程设置在满足战争和军队建设的同时,要能促进军事学科的发展以及学员个人综合素质的全面发展。教育理论也是课程设置的重要理论依据,如素质教育、创新教育、个性化教育、主体性教育等思想为军队院校课程设置提供了理论指导。另外心理学理论也是军队院校课程设置的重要理论依据之一,课程设置要充分满足学员心理需要,才能取得良好教学效果。近年来,建构主义学习心理学、内隐学习等相关心理学理论也为军队院校课程设置提供了重要的理论依据。

四、军队院校课程设置的基本原则

(一)针对性原则

首先,必须针对培养目标来开设课程,坚持与培养目标相一致原则。军事院校的课程,一方面是实现培养目标的重要条件。这是因为教学正是通过一系列课程,使学生获得目标所需要的知识和能力的。另一方面,培养目标又是制定课程的主要依据。培养目标是一种规格要求,体现着社会及学员对军队院校教育的需求,课程则是实现这种需求的重要途径,必须按照培养目标来设置课程,包括课程目标设置、课程内容选择、课程实施方式方法等方面都必须与培养目标相一致。其次,必须针对培养对象特点来开设课程,紧跟培养对象需要。比如,任职教育院校的培养对象都是具有普通高等学历教育起点的、为适应岗位任职需要而进行岗位任职能力培训的军队干部,他们的文化起点比较高、经历丰富、思想成熟、求知欲强,为此,课程设置要针对培养对象特点,提高课程设置起点,增强课程的前沿性、针对性和实用性。

(二)时代性原则

军队院校教育课程设置必须具有鲜明的时代性,紧跟时代发展需要。新的时代,战争发展和军队现代化建设对军事人才的需求发生了新的变化,导致军队院校人才培养目标也发生了新的变化,军队院校教育的课程必须与之相适应,随着培养目标的转变而转变。比如,军队院校教育人才培养目标从打赢机械化战争人才到打赢信息化战争人才的转变,要求院校课程设置上要体现信息化战争的要求,开设与信息化战争相关的课程,如信息战、网络战、电子战等新兴课程。

(三)先进性原则

所谓先进性,主要是针对课程设置中的专业科目而言的。确定了专业方向后,各专业的专业课设置就成了专业培养目标能否顺利实现的关键。各专业课程的设置是否是该专业最前沿的、最先进的、最实用的,将直接关系到该专业培养出来的学生能不能尽快适应任职岗位需要。特别是信息化战争对创新型军事人才的需要,更要求军队院校课程设置必须体现前沿性、先进性原则,淘汰陈旧知识,紧跟当今军事学科和军事技术发展的前沿领域,培养创新素质较高的新型军事人才。

(四)渐进性原则

人的认识有一个由浅入深的过程,任职岗位也有一个从低层到高层的过程。这决定了军队院校课程设置必须遵循渐进性原则。所谓渐进性,就是指不同层次的军队院校教育课程要体现层次性、相互衔接性,不能重复设置,也不能有较大跨越、跳跃设置。比如,在任职教育院校课程设置上,初级、中级、高级任职教育院校的课程既要相互区别,又要相互衔接,体现一定的层次性和系统性。在学历教育院校的课程设置上,大专、本科、硕士、博士课程之间既不能相互重复,也不能相互脱离,必须体现一定的层次性和衔接性,从低到高渐进设置。

(五)统一性与灵活性相结合原则

尽管国家、中央军委和总部为了保证军队院校教学质量,制定了《普通高等院校专业目录》和《军队院校专业规范》,要求军队院校在课程编制的指导思想、目的要求和评价标准上保持统一,但由于各个军队院校的办学传统、办学优势、办学资源等不尽相同,各院校可以在一定范围内,灵活设置课程,特别是在选修课程、实践性课程、研究性课程的设置上,可以根据所承担的培训对象特点以及自身资源优势和办学特色,灵活设置,为学员个性和创新性培养创造条件,而在公共必修课程和专业必修课程的设置上按照国家、中央军委和总部的要求统一设置,以保证培养质量和方向。

思 考 题

1. 你是如何理解教育内容的?简述教育内容的选择依据。
2. 结合实际,谈谈你对课程改革的认识。
3. 简述我国全面发展教育的内容,并阐述各个教育内容之间的关系。

第五章 课堂教学

❖ **本章提要**

　　课堂教学是学校教学的主渠道,是人才培养的第一阵地,在整个学校教育活动中居于中心地位。课堂教学作为学校教育教学活动的基本组织形式,其质量直接影响学校的人才培养质量。研究和探讨课堂教学,是以质量为发展生命线的现代教育教学实践的现实需要,同时也是教学理论发展的客观要求。本章首先梳理了课堂教学的概念、作用和现代课堂教学的特点,其次重点探讨了教学设计与教学过程的内涵、内容、特点,最后结合军队院校教育教学特点与新形势下对军队院校发展提出的新要求,深入探讨了军队院校课堂教学质量的影响因素以及提高军队院校课堂教学质量的对策建议。

第一节 课堂教学概述

一、课堂教学的概念

　　课堂教学是学校为了实现教学目标而采取的一种教学组织形式,与实践教学、户外教学相对应。从这个意义上来说,课堂教学的概念应包含"课堂教学应该怎么样"和"课堂教学应该如何"两个方面。我们认为:课堂教学是以学生学习为主,通过教学设计,预设教学实施框架,在一定的教学环境下,促使教师和学生两大教学主体之间相互作用和相互交流,促进学生实现全面发展的专门社会实践活动。从这个定义可以看出,学生是课堂教学的中心,课堂教学的目标是实现学生的全面发展,教师作为教学的主导者、组织者,在教学中起着关键性的作用。课堂教学相对于学校开展的其他组织活动形式而言具有很多的优势。课堂教学在特定的时间通过班级授课制,同时对几十名学生进行教学,扩大了教学对象，加快了教学进度，提高了教学效率，同时，学生也可以在集体学习中相互促进，共同提高，从而推动课堂教学质量的提升。

二、课堂教学的作用

在日常教学实践中，上好课，做学生心目中的好老师，培养学生成长成才，是每位老师孜孜不倦的追求。同时，随着课堂教学改革的深入发展，新时代的课堂教学形式丰富多彩。课堂教学作为教育教学的主阵地，其作用不可忽视。第一，课堂教学是促进学生发展的主要途径。通过课堂教学，教师向学生传授系统的科学文化知识，在教学过程中，学生的思想品德、文化水平等方面都得到了长远发展，有力地促进了学生身心的发展。第二，课堂教学促进了社会的发展。作为学生实现综合素质全面发展的有力手段，课堂教学培养了一大批适应社会发展需要的新型人才，为其从事各种社会实践和创造新的知识奠定了基础。

三、现代课堂教学的特点

与传统教学相比，现代课堂教学呈现出以下几个鲜明的特点：

（一）以学生为中心

现代课堂教学的显著特征之一就是在课堂教学中充分体现了以学生为中心的教学理念。以学生为中心不是指教师与学生角色、身份、地位的高低之分，而是指教学理念、管理理念、服务理念的转变，教学方法、评价手段的转变。教学的目的、任务不在"教"，而在"学"。以学生为中心，最根本的是要实现从以"教"为中心向以"学"为中心的转变，即从教师将知识传授给学生向让学生自己去发现和创造知识转变，从传授模式向学习模式转变。以学生为中心，真正关注学生的学习，把学生的学习放在首要地位，突出强调学生的学习、学生的发展以及学生的学习效果如何，因而，以学生为中心的教育理念要求教师要从学生的学习兴趣出发，鼓励学生充分利用已有的经验，积极参与学习过程。教师不再是知识的呈现者，而是一个促进者、引导者，学生可以通过各种组织形式独立或集体完成各种课业活动。教师不再掌控教学内容，而是控制学习的过程，培养学生解决问题的能力。教师不再是过分地突出自己博闻强记的专业能力，而是为学生的学习做好充分的准备；不再是循规蹈矩地完成既定教学进度计划，而是学会在教学中灵活运用各种教学法和教学辅助手段，灵活运用形成性评价和引导学生自我评价，培养学生自主学习的能力,以此来培养学生的创造力和创新能力。

(二)教学方法多样化

教学方法,是指在课堂教学活动中,教师对学生施加影响,把系统的科学知识传授给学生,并培养学生综合素质能力、发展学生智力、塑造学生一定道德品质和素养的具体的手段。传统课堂教学以讲授法为主,在整个课堂教学过程中,教师与学生之间缺乏良好的互动,随着现代教育的发展,现代课堂教学方法呈现多样化特征。首先是讲授法的合理运用。讲授法作为一种传统的教学方法,虽然有其弊端,但是总体来说,利大于弊,关键在于教师如何运用讲授法。因而,现代课堂教学努力改进讲授法,避免灌输,在讲授的过程中注重引入启发,多提问,科学提问,注意逻辑性的讲授,讲清思路。其次是现代教学方法的灵活运用。现代教学方法包括探究法、研讨法、谈论法等,在课堂教学中,灵活运用现代教学方法,可以调动学生主动参与教学,激发学生的学习兴趣。最后是个别化教学方法的辅助运用。学生的发展具有不平衡性,而班级授课制教学模式,有时候会忽视个别学生的差异性,因而教师既要根据个别学生在基础知识、智力发展水平、学习动机、认知风格等方面的差异性,选择适合他们的教学方法,真正实现教学有法,因材施教;同时又要根据教学环境、教学发展和教学进程,及时灵活创新教学方法,灵活选择与教学环境、教学发展、教学进程相适应的富有个性的教学方法。

(三)良好的师生关系

师生关系是教学过程中最基本的关系,也是影响学生学习积极性,提高学生学习效率的最直接影响因素。传统的课堂教学以教师为中心,教师是课堂教学的权威,学生处于从属地位,忽视了学生的主观能动性,师生关系表现为专制型,教师作为专制者管理学生的一切事情,学生处于被动的地位,很难调动学生的学习积极性。现代课堂教学以学生学习为中心,教学方法多样性发展,教师和学生的关系也发生了很大变化。教师在教学中起着主导作用,学生的主体地位得到充分发挥,教师和学生相互配合,教师爱护学生,尊重学生,学生尊敬教师,教学相长,师生关系民主和谐。

第二节 课堂教学设计

教学是学校人才培养的主要渠道,课堂教学质量是人才培养质量的重要保障,高水平课堂教学质量的实现需要教师做好课前、课中、课后方方面面的工作。教学设计作为教师课前准备的重要组成部分,对课堂教学质量的提升具有重要作用,可以说,科学有效的教学设计,是课堂教学有效性的前提。

一、教学设计的内涵

教学设计不是专门的理论研究,它是教师在上课前,针对教学内容和教学对象的特点,研究"怎样教才更有效"的操作问题,具有明显的实践性特征。关于教学设计的概念也有广义和狭义之分,广义的教学设计指的是把课程设置计划(总体规划及各门具体课程计划)、课堂教学过程、媒体教学材料看作教学系统的不同内容层次所进行的系统设计;狭义的教学设计就是对某一门课程或某一单元、单课或某一项培训这些较小教学系统的设计。实际上,广义的教学设计中贯穿着的主要是过程观,狭义的教学设计主要关注的是结果。①

教学设计是教师实施好课堂教学的基础性工作,是教学过程的重要环节之一,教师是否能上好一堂课,课前的教学设计至关重要。科学合理的教学设计需要教师集中教学智慧,反复思考,仔细斟酌。只有这样,教师才能上好一堂课,也只有这样,才能提高课堂教学质量。

二、教学设计的内容

(一)教学目标设计

教学目标是课堂教学的出发点和最终归宿,是课堂教学质量评价的依据。教学目标设计是教师依据教学目标对课堂教学所要达到的结果的预设,它是教学设计的重要组成部分,是做好教学规划的前提。科学合理地确定课堂教学目标是进行教学设计的必要条件。在教学设计过程中,最容易出现的问题就是对教学目标的理解出现片面化的问题,过高或过低的教学目标设计都不利于有效教学的实现,因而,教师在进行教学目标设计前,必须认真钻研课程标准,分析课程内容,分析教学对象已有的学习经验和教学对象的特征,在此基础上才能设计出科学有效的教学目标,确保课堂教学的顺利开展。

---

① 徐继存,赵昌木.现代教学论基础[M].北京:北京大学出版社,2008:214.

（二）教学内容设计

教学内容设计是在教师认真钻研教材，充分了解教学对象特点的基础上，科学合理地选择教学内容，并基于教学具体环境预设教学内容实施的方式方法的过程。教学内容设计必须以教学目标为指导，是教学设计的关键环节，是课堂教学活动开展的最重要影响因素，可以说，教学内容设计的质量高低，直接影响课堂教学活动的成败。教学内容设计的过程也就是教师根据教学目标的要求，深入研究课程标准，收集教学资料，选择合适的教学方法和教学模式的过程。同时，结合学习者的实际水平，确定教学的重点、难点，把教学内容与学生的认知水平有机地结合起来，从而促进学生全面发展。

（三）教学方法设计

教学方法包括教师教的方法和学生学的方法，因而，教学方法设计必须既要考虑教师教的方法的科学性，又要考虑学生学的方法的有效性。和教学目标设计、教学内容设计一样，教学方法设计也要以学生的学习为中心，即无论教师教的方法设计还是学生学的方法设计，都必须有利于提高学生的学习质量，促进学生的全面发展。在教师教的方法设计上，要结合教学内容，选择适合教学对象的多样化教学方法，避免教学方法的单一性。在学生学的方法设计上，要考虑每个学生学习的个性差异，指导学生选择适合自己的学习方法，不断提高自己的学习质量。

三、现代教学设计的特点

（一）教学设计要以立德树人为根本任务

立德树人作为教育的根本任务，是我国在社会主义新时代抓住机遇、应对挑战、攻坚克难的时代需求，更是确保培养新时代社会主义合格建设者和接班人的战略需求。立德树人就是要铸魂育人，强化价值引领，突出实践养成，努力培养新型人才。立德强调的是人之为人的根本，是人才培养的基础，立什么德，就树什么样的人；树人指向的是人才培养目标，教育工作归根到底是为了培养人、塑造人。"立德"是"树人"的前提基础，"树人"是"立德"的指向目标。两者相互补充，辩证统一，深刻回答了社会主义教育的本质属性，为学校教育"培养什么人、怎样培养人、为谁培养人"指明了方向。立德树人是新时代中国教育的价值回归，是学校教育的根本遵循，具有鲜明的时代特性，因而，现代教师必须深刻理解立德树人的科学内涵，把立德树人根本任务贯穿于教学设计始终，只有这样的教学设计才能实现教育教学要达到的根本目标。

（二）教学设计要体现学生的学习需求

建构主义学习观认为，学习不是简单地将知识灌输给学生的过程，而是学习者主动地构建自己的知识经验的过程。因而，现代教学设计要充分考虑学生的学习需求，要以现代学生观为指导，将教学设计的关注点由以教师、教材为中心转移到以学生的学习为中心，突出学生的主体地位，激发学生的学习兴趣，充分考虑学生的需求，从学生视角出发设计教学过程，引导学生积极主动学习，培养学生自主学习能力。因而，教师在进行教学设计之前，需要充分了解学生的已有学习经验。建构主义学习观强调，学生不是空着脑袋进入教室的，在之前的生活中，他们已经形成了具有自身特色的知识经验，因而，教师在进行教学设计时，必须充分考虑学生的学习水平，依据学生已有的学习水平设计教学目标，才能符合学生的自身发展需要，才能促进学生身心健康发展。

（三）教学设计要具有灵活性

教学过程是由教师的教和学生的学构成的，在教学过程中，教师面对的是有着主观能动性的学生，学生的多样性决定了教学是一个十分复杂的社会实践活动。相对于传统课堂教学中的学生，现代学生获取知识的途径很多，他们已有的知识丰富多彩，在课堂教学中，他们可以提出各种各样的问题，所以课堂教学中意外的、无法预知的新情况随时随地都会出现。现代的教学设计，需要具有灵活性，教师要基于学生的实际情况，预设教学过程的变化性，充分发挥教学机智的作用，增加教学设计的弹性和灵活性，鼓励学生在与教师的互动中根据具体的情景即兴发挥，超越设计预定的要求。教师只有充分发挥教学机智，把学生置于教学的核心地位，课堂教学中密切关注学生的学习反馈，根据实际教学中学生的变化运用教育机智随时调整自己的教学设计，才能发挥学生学习的积极性、主动性和创造性，课堂才能焕发出生命的活力。

第三节　课堂教学过程

教学过程是人类的认识实践活动，是以个体认识与社会历史认识的一般规律为基础的继承与创新过程。教学过程贯穿于课堂教学活动的始终，是学校教育教学活动的核心环节，学校的教学目标能否实现、教学设计能否正常运行，都需要在教学过程中进行验证。教学过程围绕教学目标,遵循教学设计,通过调动学校的一切积极因素,对学校现有的所有教学条件实施最佳配置,有效地控制各种教学要素,使课堂教学达到最佳效果,因而,教学过程是影响课堂教学质量的最关键因素。

一、教学过程的内涵

教学过程是教师根据一定社会的要求和学生身心发展的特点,通过有目的、有计划地指导学生掌握系统的科学文化知识和基本技能,发展学生的智力和体力,培养学生的良好品德和健康个性,使其形成科学世界观的过程。① 教学过程包括教的过程和学的过程,是教师的教和学生的学相互作用,从而促进学生身心健康发展的过程。

二、教学过程的特点

(一)教学过程的认知性

教学过程不是静止的,而是一种师生之间在认知世界里心理建构的认知过程。它既要建构教学过程中的师生关系,因为教师与学生之间的关系不是强迫性的,更不是控制性的,而是通融和谐的,是相互认知的;同时也要建构学生主体的认知世界,因为学生主体的内在心理有表扬、奖励、合作、自由的需要,也有被教师重视、被同学赞许和羡慕的需要。由此可见,教学过程不是静止的、给定的,而是一个心理建构的认知过程。② 教学过程作为学校人才培养的关键环节,是教师向学生传授系统的科学文化知识的主要途径,理所当然伴随着对知识的理解和掌握,如果教学中没有对知识的认知和构建,那就无所谓教学了。也就是说,教学过程的最根本任务就是通过向学生传授知识,加深学生对知识的认知与理解,促进学生实现全面发展。

(二)教学过程的灵活性

教学过程是一个师生互动的过程,既有教师的预设性、引导性,又有学生的能动性、主动性,同时还有教师和学生在相互作用过程中出现的"意外性"。因而,即使教师做了充分的教学设计,严格设计了课堂教学有可能出现的情况,但是教学过程仍然具有很大

---

① 黄甫全,吴建明.课程与教学论[M].北京:中国人民大学出版社,2019:167.
② 邱凤兰.教学过程的语境化探析[J].教育理论与实践,2012(6):46-47.

的灵活性和随机性,因为教学过程是人与人之间的相互影响的活动,无论是教师还是学生,都有自己的思想和想法,特别是现代学生,具有较强的思维发散能力,在走进课堂之前,他们已经掌握了丰富多彩的知识,知识面很广,因而教师预设的课堂教学设计可能满足不了他们对知识的渴望,会提出这样那样的问题,所以,教师的教学设计不能是机械的、一成不变的,而是可以随着课堂教学的变化而变化的。教学过程的灵活性使得在教师与学生互动的过程中,会不断地生成新的知识、新的感悟和新的体验,需要教师充分运用教学机智,鼓励学生积极参与到课堂教学过程之中。

(三)教学过程的情感性

教学过程的两大活动主体是教师和学生,教学过程实际上就是教师和学生互动的过程,因而,师生关系是教学过程中最基本的人际关系,而教师和学生都是具有感情的人,在教学过程中,随着教师和学生交往增多,教师和学生之间必然会产生愉快的或者不愉快的感情。实践证明,学生对教师的积极情感可以促进学生的学习,而消极情感则会对学生的学习带来不好的影响。所以,在教学过程中,重视教师和学生之间的情感性,建立合作、民主、友爱、和谐的师生关系至关重要。教师作为教学过程的组织者、引导者,在与学生的交往过程中,要善于营造良好的教学环境,鼓励学生积极参与学习,根据学生的年龄阶段和个性差异,及时把握学生的心理状态,尊重学生的个性和才能,与学生建立思想和情感方面的共情,让学生体会到教师的关爱和尊重是发自内心的和真诚的,使学生大部分时间处于积极的情感体验之中,不断获得成功体验。

三、教学过程的构成要素

教学过程作为教师教和学生学相统一的活动过程,其顺利展开需要一些基本的要素。具体来说,教学过程的基本要素包括学生、教师、教学内容、教学方法。

(一)教学过程的主体

教学活动的主体是学生,学生是学习的主人,可以说,学校的一切教学活动都是围绕学生的学习展开的。学生在学习过程中具有主观能动性,教学过程必须发挥学生的积极性和主动性,让学生参与到教学过程中,才能促进教学质量的提升。教师不能将自己的知识、能力和观点直接"灌输"给学生,课堂教学过程中,教师能够在多大程度上影响学生,总是通过学生自己已有的知识结构加以选择,并通过滋生的内部矛盾斗争才能做出相应的反应,因此,在教学过程中必须充分发挥学生的主体地位,调动学生的内在学习动力,教学过程才能顺利开展。

(二)教学过程的主导

教学过程的主导是教师,教师是教学过程的教育者、组织者和引导者,对课堂教学内容、教学方式和教学过程的组织以及对于学生的学习都起着主导作用。课堂教学能否实现教学目的,关键在于教师。教师是教学过程的合作者和参与者,其目的在于促进学生学习质量的提升,因而,教学过程主要围绕学生的学习而展开,教师通过组织与引导,和学生互相合作共同参与教学过程。

(三)教学活动的中介

教学内容和教学方法是教学过程的中介。教学内容的因素在学校教育中体现为学校教育的课程计划、各学科教学大纲、系列化教材等。教学内容是学校教学活动中实质性最强的因素,它是由一定的思想、知识、能力等方面的内容所组成的体系。课程设置的求实性,课程内容的时代性,课程形态的多样性、新颖性都为现代教学活动不断增添新的活力,同时也增强了教学内容研究的复杂性。教学方法是教师为了实现课堂教学目标而采用的工作方法和手段,教学方法包括教的方法和学的方法。在课堂教学中,教师灵活采取各种各样的教学方法以完成相关的教学任务。教学方法依据在教学过程中发挥的不同作用,可以分为注入式和启发式两大类。我们所说的教学方法包括教师在课堂上使用的各种各样具体的教学方法,包括讲授法、讨论法、谈话法以及教师的教学艺术等。在教学实施过程中,教学方法的选择和运用,受到教学内容、教学条件、学生已有发展水平、教师教学能力和教学专业化水平等因素的制约。教学中教师和学生的互动过程时刻处于发展变化中,因此教学方法的选择也不是一成不变的。灵活多样的教学方法有利于学生身心健康发展。

第四节 军队院校课堂教学

课堂教学是军队院校教学的主要形式,是军队院校人才培养的主要阵地,是保证人才培养质量的重要途径。探讨和研究军队院校课堂教学质量的影响因素,将有助于提高军队院校的教学水平和人才培养质量。

一、影响军队院校课堂教学质量的因素分析

(一) 教员的教是影响课堂教学质量的客观因素

教员的教包括怎么教、教什么。怎么教即教学方法的问题,怎么教,教的效果如何取决于教员的教学能力,所以,怎么教的问题也就是教员的教学能力问题。教什么即课堂教学内容,这是课堂教学改革的核心问题,也是提高课堂教学质量必须要解决的问题。

教员的专业能力是影响课堂教学质量的关键因素。教师的专业能力就是教师的教育教学能力,是教师在教育教学活动中所形成的顺利完成某项任务的能量和本领。[1] 影响教员专业能力的因素有很多,有教员自身的因素,也有社会环境的因素。教员自身的因素包括教员的理论素养、学术水平,教员对教学环节的把握以及对有效教学的理解程度等因素。社会环境因素主要包括院校的办学理念、校纪校风、文化传承以及学院的督导政策、评价政策、规章制度等,这些因素都会对教员教学能力产生潜移默化的影响。因而,教员教学能力的提升不仅需要教员自身的努力,还需要院校为教员创设提升教学能力的环境。国内外关于教师专业能力研究的理论和实践证明,教员的专业能力是影响课堂教学质量,实现有效教学的最直接、最明显、最具效力的因素,因而,要提高军队院校的课堂教学质量,必须加强军队院校教员专业能力的培养,提高军队院校教员的专业能力。

教员教的内容是影响课堂教学质量的主要因素。教员在课堂上应该教给学员什么?在很多教员看来,这好像是一个非常简单的问题,殊不知,这个问题若解决不好,将影响教学质量的提升。目前军队院校的课堂教学仍然以教材作为主要知识载体,教学内容陈旧、缺乏新颖性。一成不变的教学内容无法满足学员对新知识的渴望,挫伤了学员学习的兴趣和积极性,不少学员觉得上课没意思,上课成了最大的负担,导致课堂教学质量低下,难以实现教学质量的提升。这种局面的出现,使得我们不得不重新思考我们的课堂到底应该教给学员什么?从教育学理论来讲,"三尺讲坛"的课堂教学是师者传道授业的重要环节,是学员获取知识、增长见识、提高素质和能力的主要渠道和途径。因而,军队院校的课堂教学内容必须以军事人才的培养目标为依据进行合理的排列和组合。但教学是一门艺术,具有创造性、表演性、灵活性和审美性等特征,其中教的创造性和灵活性是最主要的,这就要求教员在教学的实施过程中,要具有创造性和灵活性,不仅教给学员系统的、完整的书本知识,还教给学员动态的、不系统的,也就是多样化的、相对的、开放

---

[1] 时中英.教育学基础[M].北京:教育科学出版社,2014:130.

的知识。这对教员提出了更高的要求,因为这样的教学内容要求教师要把知识的原始出处和演变,包括历史、人物等众多信息传递给学生。针对学生在学习时会碰到的各种各样的问题,应该给学员提供足够的参考资料,形成一个知识的开放体系,让学员觉得学这门课程知识仅仅掌握书本上这点内容是不够的,还要从课外去了解其他更多的东西,也就是课堂外的培养是更加重要的环节。如果我们的课堂教学能让学员了解知识产生的过程,这可能比直接告诉学员知识的结果更加有效。

(二)学员的学是影响课堂教学质量的主观因素

首先,学员的学习态度影响课堂教学质量。学习态度是指学习者对学习较为持久的肯定或否定的行为倾向或内部反应的准备状态,是学员通过学习形成的影响个体行为选择的内部状态。学员态度会对学员的心理和行为产生深刻的影响,具有十分重要的功能。一是态度具有价值表现的功能。个体的态度与所持有的价值观紧密相关,价值观不同,态度也会不同,个体的价值观往往可能通过态度表现出来。二是态度具有调节作用。一般而言,积极的学习态度容易产生积极的学习行为,而消极的学习态度则容易产生消极的学习行为。三是态度还有过滤的功能。态度不仅影响个体的行为方向,还影响个体对信息获得的选择。在一般情况下,学员总是接受与个体态度一致的信息,拒绝与个体态度不一致的信息。态度的三大功能决定了学习态度对学员的学习具有不可忽视的作用。培养科学合理的学习态度,是学员学好的保障。科学的学习态度不是与生俱来的,而是个体在后天的社会生活中与周围环境相互作用时不断积累各种经验的基础上形成的。因此,院校应该遵循学习态度形成变化的规律,培养学员科学的学习态度。第一,加强学员的思想教育,增加学员保家卫国的使命感,为学员树立正确的学习目的。第二,科学设置专业,完善课程结构和教学过程,调动学员学习的主动性和积极性。第三,应该加强师资队伍建设,采取多元化、灵活的授课方式和先进的教学手段,经常组织课堂交流或讨论,让学员积极主动端正学习态度,认真高效地参与各项学习,从学习主体上提高学员学习质量,真正达到提高教学质量的目的。

其次,学员的学习积极性影响课堂教学质量。学习积极性是指直接推动学员学习的内部动力,是激发学习、维持学习并将学习指向某一目标的原动力。学习积极性由多种心理成分构成,其基本成分是学习需要、学习动机、学习态度和学习兴趣。同时,它受多种因素制约,并随着这些制约因素的变化而变化。具体而言,影响学员学习积极性的有两大因素:一是外部因素。外部因素是指学习环境,包括校园文化、教师以及家庭教育等因素。二是内部因素。内部因素是学生自身对学习积极性的调动,包括学习动机、学习态度、学习兴趣等因素。学习积极性具有潜在性,一旦被调动起来,就会对学习活动产生巨大的推动作用。军队院校由于学习环境的特殊性,学员没有足够的时间和精力投入到学习之中,加之传统的师生关系的存在,忽视了学员的主体地位,致使不少学员无论是在课堂上还是在课堂之外,都没有积极地投入学习。因而,要提高教学质量,必须激发学员的学习积极性。

(三) 院校管理的质量是影响课堂教学质量的外部因素

管理可以育人,同时,管理也可以毁人,无论是教员教的质量,还是学员学的质量,都需要科学有效的管理作为保障。教学管理对学校整个教学系统起着计划、组织、指挥、协调、控制和反馈的作用。教学管理虽然属于影响教学质量的外部因素,但是教学管理对教学质量的影响程度是不可低估的。

教学管理分为宏观和微观两个层次。微观层次主要指学校内部的教学管理,这是狭义的教学管理;宏观层次是指教育行政机关对各级各类学校及其他教育机构教学的组织、管理和指导。教学管理在教学过程中具有重要的意义:首先,它是院校教学工作正常运行的基础。教学过程中教室的安排、教学设施的保障和教学人员的组织等都属于教学管理的范畴,若没有教学管理这一基础,正常的教学工作就无法顺利开展。其次,它能够促进教员不断发展提高。科学有效的管理,能保证教师在教学活动中获得有益的锻炼,加速其专业素质、教学水平的发展和提高。再次,教学管理是教学质量提高的有效途径。这表现在以下两个方面:一是有效的教学管理促进了教员专业素质和教学水平的提高,这是教学质量提高的关键因素。二是通过教学管理手段推广成功的教学经验和科学的教学方法,可以促进教学质量的提高。最后,教学管理直接影响学员的素质形成和育人目标的实现。良好的教学管理,有助于引导教员全面认识教学工作,正确处理教与学的关系,从而保障院校教学质量的提高。

(四) 完善的教学保障是课堂教学质量提升的硬件支持

现代科学技术,特别是信息技术的飞速发展,促进了军队院校课堂教学手段和方法的改革,使得军队院校的课堂教学对教学新技术、新手段的依赖程度不断提高,完善的教学保障已经成为提高课堂教学质量的重要动力和关键因素。军队院校需要不断将最新的教育技术成果引入课堂教学之中,用新技术、新装备、新方法引领,带动课堂教学内容、方法和手段的不断改革和创新,提高学员学习效率,促进课堂教学质量的不断提高。

二、提高军队院校课堂教学质量的对策

(一) 采取有效措施,建立一支高素质的教员队伍

教员是影响课堂教学质量的关键性因素,拥有一支高素质的教员队伍是提高课堂教学质量的重要保障。院校要采取有效措施,不断提高教员的综合素质。首先,加强教员职业道德建设。爱岗敬业,热爱学员,时刻保持高昂的教学热情是教员上好课的基本条件。爱岗敬业就是要热爱教学,把教学当作自己的一份伟大的事业来做,对教学要投入足够的时间和精力。热爱学员就是要以学员为中心,想学员所想,做学员所能做。其次,要不断提高教员的专业学术水平。严谨治学,善于研究,具有较强的专业学术水平是教员上好课的重要条件。军校教员不应是教材的宣讲者,而应是教学内容的创新者。治学严谨,具有良好的专业学术水平的教员,才能轻松自如地驾驭课堂教学,整合教学内容,将最新的研究成果引入课堂,避免教学内容的陈旧性。最后,鼓励教员科学执教,灵活运用各种教学技巧。军校课堂教学面对的是知识面宽、信息来源广、思想活跃的大学生,因此,要上好课,教员必须科学执教,灵活运用各种教学方法和教学技巧,才能保证课堂教学质量的提高。

(二) 构建和谐的师生关系,提高学员的课堂学习质量

学员的课堂学习质量是院校教学质量的最根本体现。影响学员课堂学习质量的因素有很多,其中最重要的因素便是师生关系,师生关系不仅影响学员的学习方式和学习态度,还影响学员的学习积极性。构建和谐的师生关系,是端正学员的学习态度、调动学员的学习积极性、提高学员课堂学习质量的首要条件。军队院校的师生关系是一种特殊的人际关系,教员与学员关系处理得好,会激发学员对学习的投入,提高其学习效果,相应地,教员也有教学的成就感,提高教学的积极性。若处理不好,不仅影响学员的学习质量,也影响教员的教学质量。因此,构建军队院校和谐的师生关系尤为重要。和谐的师生关系是指教师与学生平等交往、和睦相处并在生活中互相关心、互相尊重、互相学习、互相影响而呈现出来的一种状态。这种和谐的师生关系表现为师生之间在整个教育活动过程中双方的相互尊重、理解、信任和民主、平等。只有在这样的师生关系中,学员才能学好,教员才能教好。也只有在这样的师生关系中,教员才能感受到学员点点滴滴的进步,才能给予学员及时的鼓励和肯定。鼓励和肯定是给学员最好的礼物,已有研究证明,教员对学员的支持态度以及期望是影响学员学习质量的主要因素之一。

（三）更新管理理念，优化教学管理

在课堂教学过程中，通过完善教学监督机构优化教学管理也是保障课堂教学质量的重要手段。完善教学监督机构主要有三方面的内容：首先，可以对某一学科进行教学资源的整合，通过对比教师的教学手段和方法，制定高效的教学模式；其次，通过完善教学监督机构，规范教师课堂教学的各种问题，维护课堂教学秩序，保障课堂教学质量；第三，完善教学监督机构，有利于统一教学计划，提高教学效率。军队院校教学管理，无论在哪个层面与哪个环节，也无论采用什么方式，主要目标都是提高教的质量与学的质量。一切认识偏差与实践偏差，都可能使院校教学质量管理偏离目标。因而，为了提升军队院校的教学质量，必须及时更新管理理念，优化教学管理。

（四）建设和完善教学保障

对于院校的课堂教学来说，教学保障主要是指教室里配套的教学设施。教学设施是课堂教学的手段和重要的硬件支持，要保障课堂教学质量，教学设施的建设和完善是必需的，同时，要积极推广新型教学设施的使用，以提高教学效率。以教育学基础教学为例，如果只是单纯地讲解书本知识，枯燥无味，很难激发学员的学习兴趣，所以要进行多方位教学设施的配备和建设，包括多媒体和网络教室的使用，并充分利用最新的教学手段和教学方法，激发学员的学习兴趣，增强课堂教学的趣味性。此外，应该督促一些老教员学习和使用先进的教学设备等进行教学，保障院校的课堂教学质量。

思 考 题

1. 简述现代课堂教学的特点，并谈谈认清现代课堂教学特点对教师教学的影响。
2. 简述课堂教学过程构成要素，并说明各要素之间的关系。
3. 简述军队院校课堂教学质量的影响因素及各因素之间的关系。

第六章 教育管理

本章提要

教育管理是指管理者通过组织协调教育队伍,充分发挥教育人力、财力、物力的作用,利用教育内部各种有利条件,高效率地实现教育管理目标的活动过程,是国家对教育系统进行组织协调控制的一系列活动。基于人本管理理论、标准化管理理论和组织管理理论的现代学校教育管理,无论是在管理理念上,还是在管理方式上,都逐渐走上了规范化、科学化及有效化之路。教育管理在教育教学活动中有着至关重要的作用。本章首先界定了教育管理的内涵,分析了教育管理的理论基础。其次,重点介绍了学校教育管理的重要内容:学生管理、教师管理以及教学管理。最后,结合军队院校教育管理的现实需要,介绍了军队院校教育管理的特点和意义。

随着历史的发展、社会的进步,国家对教育的需求不断扩大,教育在管理体制方面的一系列改革,已经成为教育发展的不可缺少的部分。教育管理是教育活动的重要组成部分,教育管理科学与否直接影响到教育教学质量的高低。因此,深刻理解教育管理的内涵与主要组成部分,对学校开展教育教学活动有重要的协调作用和指导意义。

第一节 教育管理概述

一、教育管理的理论基础

随着社会的发展,人类对管理活动的认识水平不断提高,一系列科学、高效的管理理论被人类认识和总结,这些丰富的理论为教育管理提供了有益的指导和创新。

（一）人本管理理论

人本管理理论创立于 20 世纪六七十年代的西欧，是指企业通过创设条件和优化环境，使人得以全面、自由地发展，进而鼓励员工全身心投入工作，为企业创造更多的效益。人本管理理论的核心是以人为本，一是要通过对人的管理，实现对资源的优化配置，提高生产力和竞争力；二是要凝聚团队力量，通过管理技巧，使企业团队产生向心力，形成良好的人际关系，树立共同的荣辱观；三是要开发人力资源，通过引进和培养优秀人才，充分发挥人的潜能，促进企业的高效发展。

（二）标准化管理理论

标准化管理理论是指管理者组织专家制定管理的定性和定量标准，并用法律法规形式予以认定，使管理的各项活动都有据可依，也为评定管理提供了客观的评价标准。

（三）组织管理理论

组织管理理论产生于 19 世纪末、20 世纪初，代表人物是法约尔。该理论的主要内容是通过预测、计划、组织、协调、控制，使企业活动、劳动分工、权力责任、纪律秩序得到规范和指导，形成科学的组织运行机制，促使组织功能得到有效的发挥。

二、教育管理的解析

（一）教育管理的定义

教育管理是指管理者通过组织协调教育队伍，充分发挥教育人力、财力、物力的作用，利用教育内部各种有利条件，高效率地实现教育管理目标的活动过程，是国家对教育系统进行组织协调控制的一系列活动。这一定义包含三层内涵：一是教育管理的依据是教育发展的基本规律，教育管理的各项活动都必须符合教育发展的客观规律；二是教育管理的任务是调节系统内外的各种关系和各类资源，使其适应不断变化、发展的教育现状；三是教育管理的目的是通过有效的管理，促使教育的根本目的得以实现。

教育管理主要包括常规管理、教学管理、师生管理三个方面，其中，常规管理是教育管理的基础，教学管理是教育管理的核心，师生管理是教育管理的重点。

常规管理是指学校经常性的教育活动的组织、协调和管理，它是学校各项工作得以顺利实施的重要保证，是教学质量提高的必要条件。

教学管理是学校管理工作的主体,提高教学质量是学校管理的出发点和归宿。学校的一切工作都围绕教学来开展,学校管理得好,有助于校内各项秩序的稳定,进而提高各项工作的效率,促进教学质量的提高。

师生管理是教育管理的重点。教师和学生是学校教育活动的主要参与者,是学校各项活动的重心,个体身心发展的复杂性决定了教育管理工作必须以动态的、全面发展的眼光来审视师生关系,坚持"以人为本"的理念,使教育管理的各项工作从教师和学生的实际出发,兼顾师生个体成长和心理发展,通过规范化的管理和机制促进人际关系的协调发展。

(二)教育管理的原则

确定教育管理的原则必须充分考虑教育的客观条件和依据,既要借助一般管理的理论,又要联系教育的特殊背景,既要强调对实际工作的指导意义,又要分析各原则之间是否相互联系,从而给教育原则以科学、合理的定位。教育管理的重要原则有以下五条:

1. 系统性

教育管理的系统性是指教育管理的各系统都是有组织、有层次的,各部分有机组合,协调合作,共同围绕统一的目标而运转。系统的功能不是各组成部分功能的简单相加,而是各部分功能的量变与质变,各部分功能的协同统一,保证了系统功能的连续性和整体性。

2. 发展性

教育管理的发展性是指教育管理的各组成部分都处于不断变化、发展的过程中,相应的任务、结构也随之发生变化。一方面,教育管理活动要按照管理的基本原则保持活动的相对稳定和应有秩序,另一方面,教育管理活动要不断地发展变化,使教育的目标、教育的政策、教育的计划符合动态的教育变革。

3. 科学性

教育管理的科学性包含两层意思:一是教育管理要遵循社会发展、教育管理内部以及人的身心发展的规律,坚持可持续发展观,把以人为本作为教育管理的出发点和归宿。二是管理者要充分认识事物的客观规律以及事物发展变化的属性,采用科学的决策方法,制定和执行符合客观实际的决策或方案。

4. 导向性

教育管理的导向性是指通过有效的管理方法和手段,充分发挥管理的外在约束和内在引导的作用,使管理系统内的人、事、物不断向着既定的教育目标努力。

5. 高效性

教育管理的高效性是指最大限度地利用一切教育资源,培养出较多数量和较高质量的人才和研究成果,产出成果符合管理的最优化原则。

应将教育管理的五项原则贯彻于教育管理的具体活动中,指导教育管理活动的组织与实施,使管理工作发挥积极的指导作用,促进教育活动的合理化。

三、教育管理系统

教育管理系统是从系统理论的角度对教育管理工作的归纳与总结,通过对教育管理系统的分析,我们可以更好地认识教育管理的表现形式、内外关系,以及各系统之间的特点与相互作用,进而更好地发挥教育管理系统对教育活动的协调、规划作用。

(一)宏观的教育管理系统

宏观的教育管理系统主要包括对教育发展战略、办学方向、学科发展、教学质量等方面的控制管理,是根据宏观管理的功能而形成的组织。它主要包括:一是国家专业性的行政管理,主要是国家级别的,统一管理教育人、事、物等方面的综合类职能机关,其职权由宪法统一规定,如我国的教育部;二是中央教育行政机关和地方教育行政机关,两者是领导与被领导的关系,中央教育行政机关统辖全国性教育事务,地方执行和落实中央的教育规定和教育政策;三是各级各类教育机构,它们是教育活动的具体承担者,通过执行上级要求,落实本级工作,制定具体的工作计划并协调本级内的各类资源,实现教育活动的根本目标。

(二)微观的教育管理系统

微观的教育管理系统一般指学校内部的管理系统,具体包括学校的教学管理系统、学生管理系统、科研系统、党务系统、行政管理系统、后勤保障系统。教学管理系统主要是教务处、教研室等教学相关单位,负责人才培养计划制定、教学计划实施、教学制度管理、教学质量监控、教学活动落实等教育教学活动。学生管理系统主要是负责学生学籍、学生活动、学生就业等活动的相关单位,落实与学生相关的各项工作,辅助学校教育教学活动的展开,实现全面育人的育人方针。科研系统主要是科研处,主要负责科研计划制定、科研项目申报、科研成果评定等活动,致力于发挥学校的科学研究能力和成果转化能力。党务系统是学校的组织、宣传、纪律检查等部门,是保证学校社会主义办学方向的重要机构,为保障广大教职员工的根本利益,调动教职员工的积极性,完成学校的教育目标,做好思想政治保障工作。行政管理系统主要负责学校的人力资源管理、财务管理、资产管理等。后勤保障系统主要负责学校的日常生产生活、基本建设和维修等,为学校的顺利运行提供服务保障。

通过对宏观教育管理系统和微观教育管理系统的解构,我们可以充分理解各教育管理要素之间的相互关系,为区别各要素的性质、行为、功能提供了内在依据,有利于调动各要素的动力,充分发挥各个要素的功能,促进教育系统功能作用的有效发挥。

第二节 学生管理

学生管理的目的在于使学生养成良好的学习习惯、生活习惯和行为习惯,使学生愉快地学习,健康地成长,自觉抵制各种不良倾向的影响。要做到这一点,必须明确学生管理的特点和内容,严格贯彻学生管理的基本要求。

一、学生管理概述

学生是教育的主要对象,学生管理是否符合学生身心发展特点,直接影响人才培养的质量。学生管理是指学校对学生在校内外的学习与活动进行组织、协调、管控,使其形成良好的学习习惯、行为习惯和生活习惯的各种活动。

(一)学生管理的特点

1. 主体性

学生是管理的对象,又是管理的中心,管理者要始终坚持以学生为本,以培养德智体美劳全面发展的合格人才为管理的目的,充分发挥学生的主观能动性,引导学生自觉接受管理、学会自我管理。

2. 整体性

学生管理主要着眼学生的全面发展,学生的全面发展一方面离不开学校对学生知识、能力和技能的引导,另一方面学生的个体成长还与家庭和社会密不可分,家庭和社会对于学生个体的遗传、心理、基本能力、价值观等方面有重要影响,因此,学生管理要协调好学校、家庭、社会三者之间的关系,发挥三者协同育人的作用,围绕共同的教育目标管理学生,从而实现最佳的管理效果。

3. 阶段性与连续性

学生的不同年龄段有不同的身心发展特点，学生的发展是螺旋式上升的过程，学生在不同的年龄阶段有不同的学习目标和学习重点，但学生的发展是连续不断的，因此学生管理也随之出现阶段性和连续性，学校要针对学生发展的特点分阶段、分类别设计教育内容、教学方法，研究教学策略，采用契合学生特点的教育教学管理方式，实现教育资源和教育系统之间的相互协调、相互促进，共同推进学生的发展。

4. 直接性

对学生的管理是直接的、面对面的管理，管理者通过教育活动与学生密切接触，充分了解学生的个性特征和发展水平，这种直接的管理方式是促进学生发展的重要保证。

5. 具体性

学生工作是学校的核心工作，工作内容涉及学生的学习、生活、行为、心理等多个方面，因此，学生管理的内容也十分细致、具体，每项工作都要综合考虑学生的全面发展，管理者通过处理大量琐碎的工作来实现对学生细致、有效的指导，发挥管理在学生发展中的应有成效。

（二）学生管理的意义

学生管理对国家和社会的发展，以及学生自身的成长有十分重要的现实意义。

1. 加强学生管理，有利于教育目的的实现

教育的目的是促进人的发展。学生管理为学生的发展提供了认识世界、认识自我的机会，引导学生通过教育活动掌握生产、生活的知识与技能，从而实现自身的成长和进步。学生管理工作还给学生提供了自我管理、自我锻炼的机会，让学生在管理中学会处理理想与现实、个人与集体、个人与社会之间的关系，进而成为意志独立、敢于创新、勇于探索的个体，真正实现教育的目的。

2. 加强学生管理，有利于教育活动的顺利开展

学生的教育与管理是学校的首要任务，学校的各项工作都必须围绕学生来进行，学生工作的好坏与学校教育质量的高低密切相关，因此，加强学生管理，是教育教学工作顺利展开的重要保证，学生教育与学生管理相辅相成。

3. 加强学生管理，有利于社会的发展

学生是国家未来建设的主力军，是社会进步的希望和潜力，通过学校教育，将学生培养成社会主义建设者和接班人，是教育的神圣使命，因此，加强学生管理，积极引导学生在受教育过程中发挥主动性、自觉性，在德智体美劳各方面获得全面发展，对于学生自觉承担国家进步与发展的历史使命，有着十分重要的意义。

二、学生管理的内容

学生的学习过程也是学生德智体美劳全面发展的过程,深入剖析学生管理的主要内容,对理解学生管理的意义,改进学生管理的方法,提高学生管理的效率有重要的意义。

(一)课堂学习和课外学习

课堂是教育活动的主阵地,对课堂学习的管理就是要在课堂教学中建立课堂制度与规范,对课堂的纪律、规范、学生行为、教师行为进行指导和约束,使教师在课堂能全心教学,学生能够专心听讲,营造师生和谐、积极向上的课堂氛围。

课外学习是学生学习的重要支持,广泛的课外活动为学生提供了文化、体育、劳动、参观、见习等更多的学习机会,使学生能够通过课外实践、课外研学将理论与实践结合起来,有助于学生对课内知识的理解和对社会生活的感知,从而更好地引导学生热爱学习、学会学习。

(二)生活管理与自我管理

1. 生活管理

学校教育是引导学生走向社会的重要环节,学生在学校不仅学习文化知识、专业技能,还要学习社会经验、生活经验以及做人的经验。生活管理就是指学校有目的、有计划地对学生生活经验、职业素养、实践能力进行规划和训练,引导学生掌握基本的生活技能、自理能力和社会知识,以期更好地适应社会生活。生活管理主要有两个方面:一是引导学生养成良好的生活习惯,通过校规、校纪的约束,使学生产生自我管理的内驱力,进而养成良好的生活习惯,并不断自我强化和引导;二是引导学生形成科学的时间观念,通过管理行为引导学生认识时间的重要性,以及如何分配学习、生活、娱乐的时间,提高时间的利用效率,进而提高学习效率。

2. 自我管理

自我管理是指学生自己遵守社会规范,抵御不良影响,自觉形成自我管理和自我控制的能力。自我管理主要包括三个方面:一是认真学习法律法规,遵纪守法,强化自身法纪意识和法制观念,使自身的各项行为合规合法;二是学习社会道德规范,树立科学的社会价值观和道德观,根据社会规范的要求不断调控自身行为,使个体形成社会认同感;三是自觉用纪律规范约束自身行为,自觉接受纪律和行为规范的约束,形成个体稳定的自我控制行为,使身心发展与社会变化相匹配,进而更好地融入社会。

(三) 班级管理与社团管理

1. 班级管理

班级组织是教育活动的基本单位,是学生成长的基本场所,班级管理的状况是评价学校管理效能的重要指标。班级管理是指按照学校的管理原则,以班级的建设目标和发展目标为依据,运用管理的方法和手段,对班级的教育活动、社交活动、个体行为、文化活动、实践活动等进行协调,使班级秩序和谐稳定,班级建设丰富多彩。班级管理与教育管理形成育人的合力,促进学生和班级共同进步。班级管理主要包括:一是班级事务管理,进一步优化班级内的资源、信息、经费,促进班级资源的合理分配、教育教学活动的有序推进。二是班级人员管理,通过班规、班风建设,协调好师生之间、生生之间的关系,使班级形成良好的风气和统一的价值认同,积极发挥班级在学校教育中的基础性作用。三是处理好班级管理与学校管理的关系,始终以学校管理的原则为行动指南,在学校的指导下开展班级管理,发挥班级在学校教育过程中的积极作用。

2. 社团管理

学生社团是一群拥有共同兴趣的学生,为拓展知识、锻炼能力、丰富校园生活而自发组织起来的,是学校教育工作的重要抓手,是提高学生综合素质的重要途径。学校社团管理是学校管理的有机组成部分,是指通过制定标准化的服务流程和规章制度,指导社团组织对人员职责、物资分配、信息管理进行规范和协调,提高社团的规范化程度,为学校人才培养提供助力。社团管理主要包括三个方面:一是要建立健全管理制度,促进学生社团管理规范化、制度化;二是建立长效机制,使学生社团获得长远发展和持续进步;三是积极协调好个体之间的关系,通过制度协调、约束个体行为,使社团活动趋于良性发展。

在学生管理中,课堂学习和课外学习、生活与自我、班级与社团都是管理的重要内容,管理的各项活动符合学生身心发展的特点,能够使管理活动发挥各种教育功能,促进教育和管理目标的实现。

三、学生管理的基本要求

学生是学习的主体,也是被管理者,学生管理就是对教育对象和作用于他们发展的各种条件及因素进行有效的组织和协调,实现最佳的教育目的的一种过程。这一过程的正常运行对学生管理的实际工作提出了一些必要的要求。

(一)外在和内在管理相结合

学生管理包括两个方面,即外在管理和内在管理。外在管理,是指学校管理者通过对学校人员、资源、信息等方面的管理,进而作用于学生,为学校教育提供支撑和保障,使学生产生学习的动力;内在管理,是指学生的自我管理,学生自己管理自己的学习行为、社会行为、道德行为等方面,是学校教育、管理理念内化于心的过程。外在管理是重点,内在管理是根本,内外协调,共同促进学生的发展与进步。

(二)思想引导和全面安排

思想引导是学生管理的首要任务,主要内容是引导学生形成正确的世界观、人生观、价值观,是培养社会主义"四有"新人的基本条件。全面安排是指将规章制度以及激励机制有机融合,共同作用于学生,使学生管理呈现最佳效果。同时,管理要注意符合学生身心发展特点,将阶段性管理和全面管理协调统一,有分类、有区别地进行全面综合管理,使学生管理工作更加符合因材施教的育人理念。思想引导和全面管理相互融合,以思想教育为主导,统一要求,全面安排,形成教育与管理的合力,争取思想与行为同步,育人与管人协同。

(三)尊重信任与严格要求

学生管理是对学生行为的规范和约束,严格要求是学生管理的重要守则,然而,单一的严格要求容易将学生管理得过于刻板,忽视学生的主观能动性,容易引发学生的抵触情绪,因此,应恰当地引入柔性机制,坚持将尊重与信任作为管理工作的首要前提,尊重学生发展,尊重学生情感,积极鼓励和支持学生探索世界、认识世界,引导学生学会自我学习、自我管理。尊重信任与严格要求相互依存、相互支持,共同实现学生管理的最终目标。

学生管理应根据学生的身心发展规律,采用科学的方法和管理艺术,灵活地运用规章制度,将静态管理与动态管理有机结合起来,才能达到最佳的管理效果。

第三节 教师管理

教师是教育的重要组成部分,是教育教学活动的主要实施者,国家教育方针的贯彻、学校教育大纲的落实、教育教学活动的组织等，都是依靠教师完成的，因此，加强教师管理，对于提高教师的工作积极性，提升教师素养，具有十分重要的意义。

一、教师管理概述

教师管理是指学校通过建章立制对教师职责、权利和义务进行管理和协调，使教师树立正确的教育观，激发教师工作的积极性和主动性。加强教师管理是全面贯彻党和国家新时期教育工作方针、政策的主要保障，确保教育教学沿着中国特色社会主义教育的路线坚定落实；加强教师管理是充分调动教师积极性的重要手段，通过教师管理，营造团结向上、你追我赶的团队精神；加强教师管理是教师队伍建设的核心，教师管理在教师队伍选拔、培养、管理等方面的系统规划和组织活动，使教师队伍建设更加科学化、合理化。

二、教师管理的内容

教师管理的内容是随着教育的发展而丰富和完善的，新时期，对教师提出的职业化要求，不仅体现在学历水平上，还体现在教师的修养上，因此，要具体分析教师管理的各项内容，进一步细化社会对教师管理的要求。

（一）教师的选拔和任用

1. 制定科学的人才引进方案

教育人才是学校发展的核心竞争力，因此，教师的选拔要与学校的长远发展密切相连，管理组织要立足于学校的现实状况，围绕学校的长远规划、发展目标、社会地位，制定科学的阶段性人才选拔计划，结合现代教师观，合理配置教师资源，使引进人才既能满足当前急需人才的迫切需要，又能为学校的长远发展提供基础保障。

2. 确定教师能力结构

为建立一支素质良好、结构合理、充满活力的教师队伍，必须对教师的能力结构进行深入剖析。科学的教师能力结构应当包括教师的年龄结构、专业结构、职务结构、学缘结构、学历结构、政治素养。坚持选人用人以德为先、以才为重，促进学校教师结构科学化、合理化。

3. 合理安排教师工作

合理安排教师工作是保障教学工作顺利展开的重要手段。首先，要知人善用。用人单位在了解教师的政治思想、业务水平、专业能力、工作态度的基础上，量才使用，确保教师工作与教师能力相匹配。其次,要扬长避短。"金无足赤,人无完人",任何教师都有优点和缺点,用人单位应用其所长,避其所短,使教师能够获得被认可、被重用的心理满足感,进而以饱满的热情投入教育教学工作。要职能相称,大材小用,或者小材大用,都不能使教师的真实能力水平得到充分发挥。

4. 充分调动教师积极性

激发和调动教师的工作积极性是教师发展的动力源泉。首先,要强化教师的职业道德,唤醒教师的主人翁意识,激发教师的责任感和使命感;其次,要营造良好的工作氛围,团结活泼、紧张有序的工作氛围,促使教师在工作中互帮互助、互相竞争、互相学习,提高了教师队伍的凝聚力,进而可增强教师工作的积极性;最后,合理利用激励机制,将目标激励、奖惩激励、情感激励等方法融入教师管理中,发挥其导向功能,引导教师自觉提升工作积极性。

5. 加强师德师风建设

教师肩负着教书育人的重要使命,教师不仅要有坚实的理论知识,还必须具备良好的师德师风。首先,教师要加强自我修养,自觉坚守职业道德。教师要坚定自己的政治立场和理想信念,爱岗敬业,自觉去除浮躁、功利等不正之风,坚持做社会主义核心价值观的传播者、践行者,引领学生努力学习;其次,将立德树人融入教师培训课程体系,贯穿于教师岗前培训和入职后培训以及管理的全过程,加强对教师职业理想和职业道德的教育,引导广大教师不仅要做学生的"人师",完成教书的任务,更要做学生的"经师",完成"立德"的使命。同时,要严把教师聘用考核政治关,严格执行师德师风底线要求,将师德师风作为教师考核评功评奖的首要条件,充分调动教师教学的积极性和主动性,形成学校各项工作与教师教书育人同向同行,立德与树人协同发展的良好局面。

(二) 教师的培训

教师素质的提高对学校加强教师队伍管理有重要的现实意义,教师培训是提高教师素养的重要环节,是促进教师发展的战略性举措。教师培训主要要做好以下方面:

一是建立健全培训制度。学校要根据教师专业发展需要和职业成长规律,制定出长短不一的培训计划,既满足当下教师队伍建设的需要,又满足教师队伍未来发展的需求。同时,学校建立健全学习、进修、奖励等制度,保证教师能力在培训中得到切实提高。

二是合理规划培训内容。分层分类对各类教师进行系统的知识培养与能力提升,以岗位核心能力作为培训内容的设计依据。针对青年教师,重点培训教学技能、教育心理学、教育基本理论、课堂教学等内容;针对中年教师,重点培训职业能力提升、课堂管理、课程设计等内容;针对老教师,重点规划专家讲座、学术交流、成果展示、教学竞赛等活动。

三是优化培训方式。各级各类课程的属性不同,对知识和能力的要求也不一样,开展多元化的教师培训,针对不同类型的教师采用不同的培训方式,如讲授式、问题中心法、案例分析法、角色实践、情境模拟等方式,这种多元化的培训方式有利于提高培训课程对教师的吸引力,使教师能够充分利用视觉、听觉、感觉、知觉的个体感知系统深刻理解职业素养和专业知识。

(三)教师的评价

科学的教师评价是教师入职、晋升、奖惩的基础和依据,公正、客观的教师考评,对于提高教师教学水平和教师素质有积极的作用,同时,能够督促教师反思自己的工作,进而不断改进和优化自身的能力与职责。在教师评价工作中,要坚持以下原则:

一是坚持客观性原则。任何事物都是质和量的统一,教师工作既包含体力劳动又包含脑力劳动,既关注量的发展,又关注质的提升。因此,教师评价应当实行定量与定性相结合的评价,对于有确定指标的内容采用定量评价,对于难以量化、表现不明显的内容采用定性评价,从而全面客观地分析教师履职尽责情况。

二是坚持整体性原则。为了使教师评价能够全面地反映教师的真实情况,教师评价要对涉及的各个因素、各个变量进行综合考评。既要关注教师的工作实绩,又要关注教师的工作态度;既要了解教师的能力基础,又要了解教师的努力程度;既要关注教师指导下的学生发展,又要关注学生学习后的能力提升;既要关注教师的业务能力,又要关注教师的研究能力,坚持对教师情况进行全面了解和准确评定。

三是坚持赏罚分明。考评与奖惩相辅相成,合理的教师评价是帮助教师认清自我,有针对性开展教育教学工作的前提,而赏罚分明的激励机制是鼓励教师将理论策略转化为具体措施的动力,能够鞭策教师矫正行为,查漏补缺,能够鼓舞教师敢于创新,不断进取。

三、现代教师管理机构

教师发展中心是现代教师管理的重要组织机构,其功能就是为了促进教师发展与教学发展。教师发展中心的主要职能:一是教师培训。面向学校的中青年教师、基础课教师开展培训,培训内容包括教学方法、教学技能、教学理念、教学研究、学术道德、职业发展等方面,目的是促进教师更新教学理念,提高教学能力。二是教学咨询。对新进教师、中青年教师提供教学咨询,咨询内容包含职业、专业、学业、心理发展等,充分满足教师个性化发展的需要。三是教学研究。依托教学工作,以提高教学质量为研究内容,对教学内容、教学方法、教学技术、教学能力、教学文化等方面开展教育研究。四是教学质量评估。对教师的业务水平、教学能力、教学效果进行考核与评估,督促教学质量不断提升。五是教学资源建设。汇集校内外优秀师资力量和优质教学资源,形成共享机制,为教师发展提供全方位服务。

第四节 教学管理

在学校的各项工作中,教学工作处于中心地位。从事教与学的活动,是学校的价值所在。教学管理是通过科学的管理理论、原则和方法对教学活动及其效果产生影响,从而调动教师和学生的积极性,使教学达到预期效果,因此,教学管理是学校管理工作的首要工作。

一、教学管理概述

教学管理是指运用管理学和教育学的原理和方法,对教学各要素进行统筹、协调、控制,使其有序运行,提高教学工作效能的过程。狭义的教学管理是指学校内部的管理,即在教学活动中,教师和学生为实现教学目标而对教学各要素进行整合、优化的协调性行为及过程。广义的教学管理是指教育行政机关对各级各类学校教学活动的组织、管理和指导。教学管理主要包括教学计划管理、教学组织管理和教学质量管理。

(一)教学计划管理

教学计划管理是指国家教育部门针对有关教育工作制定的指导性文件,它是各级各类学校组织教育教学活动的重要依据。对教学计划的管理,就是对即将产生的教学工作进行预设计,引导整个教学活动开展时处于最佳活动状态,能够产生最好的教学效果。在教学计划管理中,国家教育部门主要承担课程计划制定、教学大纲编写、教科书编纂等任务,学校则主要依靠相关管理人员落实具体教学计划。首先,校长要明确国家统一制定的教学大纲、课程计划,对全校教学工作进行整体管理和布局。其次,校长要立足学校实际,制定具体的学校教学计划,确保国家教学大纲和学校教学计划有机统一。再次,教务处领导主要负责在总体教学大纲指导下,详细制定每学年、每学期的教学活动计划,落实具体的教学活动工作安排和人员安排。最后,教师是教学计划落实的主导力量,教师具体落实学校的教学计划,依据总纲开展自己的教育教学活动,将学科教学计划有组织、有目的地实施,使教学计划管理过程不断完善。

(二) 教学组织管理

教学组织管理主要包括三方面内容:一是合理安排课务。学校安排课务要立足于教师的专业背景、能力专长、年龄特征,充分考虑教师的教学能力和业务水平,合理安排课业任务,确保课程教学有序展开。二是加强教务处工作。学校教务处是教学组织的管理中心,负责编班、制表、教材管理、课务安排、学籍管理、考试管理等事务,进一步加强对学校教务处的管理,使教务处的工作规范化、制度化,切实提高教学组织管理的效果。三是做好教研室建设。教研室是学校教学组织的最基层单位,要进一步建立、健全教研室,制定相应的规章制度,选拔德才兼备的管理人员,认真抓好教研室建设,建立良好的教师集体,形成良好的教风、研风,积极发挥基层教学组织对教学工作的支撑作用。

(三) 教学质量管理

教学质量管理是学校通过管理、协调,使教学效果符合课程计划、教学大纲的规定性要求。加强教学质量管理,首先要充分理解"教学质量",教学质量是学校工作的核心,主要是指学生的考试成绩、身心发展是否符合国家教育部门的教学计划,同时在此基础上,学生发展是否有更加突出的表现。教学质量管理必须以学生发展为目的。其次,教学质量包含教和学两个方面的问题,教与学是双向的活动,教学过程是教师的教和学生的学有机统一的过程,教学质量管理应全面考虑教与学两个方面,科学制定评估标准,制定切实有效的质量管理办法,充分反映教学活动全过程,确保每个阶段、每个环节都有明确的质量要求,从而达到教学过程的最优化。最后,树立全员教学质量管理的理念。教学质量与学校的每名教职员工都密切相关,教学质量的优劣直接影响学校教育教学工作在社会和人们心中的认可度。因此,要积极引导教职员工树立教学管理理念,调动全员的积极性,共同参与到提升学校教学质量的工作中来。

二、教学管理形式

教学管理是一项复杂的工作,任何教学管理都必须遵循一定的原则,采用一定的形式,民主管理、目标管理和隐形管理是教学管理常用的几种形式。

（一）民主管理

民主管理是教学管理的基本原则和指导思想，它是教学活动顺利展开，实现教学目标的根本保障。教学活动是教师指导学生对人类历史文化、科学知识的加工、整理和内化，民主精神既是文化发展、科学进步的沃土，又是师生自由表达思想、进行积极有效心智活动的必备条件。进行教学民主管理，就是要充分调动师生合作参与教学管理的积极性，师生互相尊重各自参与教学管理的能力，师生共同为教学管理建言献策，提高教学活动的质量。

（二）目标管理

目标管理是用教学目标去协调、优化师生双方的教学行为，有效实现教学活动所要达到的预期结果的一种管理方式。进行教学目标管理，首先要考虑教学目标的适时性。教学目标的适时性是指教学目标和实现教学目标的实际互相匹配。教学目标过度超前与学生发展的"最近发展区"相脱节，教学就只能成为美丽的愿景，不能促成教学目标变成教学现实。其次，要考虑教学目标的先进性。教学目标在符合国家和社会发展的基础上，适度的先进性体现了教育的前瞻性，有利于激发师生双方教学的积极性。最后，要考虑教学目标的达成性。教学目标的制定要从学生发展的实际出发，既不能过高，学生可望而不可即，又不能过低，不能激起学生的学习兴趣，不利于知识的迁移和增长。

（三）隐形管理

隐形管理是指通过对师生双方心理活动的协调，间接作用于教学要素，实现教学目标的活动。隐形教学管理以师生双方的心理特点、心理发展为活动基础，采用暗示、启发、榜样等方式为师生教学活动营造融洽的心理环境，使教学活动能够引发师生共鸣，让知识的学习、技能的培训能够直达学生心灵深处，使其自发自觉地开展学习活动。

二、教学管理系统

随着班级授课制的出现，教学组织的内涵日益丰富，教学组织的规模也日益扩大，教学管理系统成为实现高效能教学的重要工具。高效的教学管理系统在提高教学质量、培养高素质人才方面发挥着极其重要的作用。

我国的教学管理系统大致分为三个层次：一是决策指挥机构，它是教学管理的决策中心，一般由分管教学的校长或校务委员会担任，负责规划学校的教学方案、审议教学的重大问题,主要发挥"指挥棒"的作用。二是执行机构,主要由教务处、年级组等教学行政管理机构和教研室、学科办、班级等教学业务管理机构构成,主要任务是具体落实上级安排的各项教学工作、组织实施教学活动。三是教学评价、监督机构,主要由学术委员会或评价办构成,主要任务是对教学活动实施管理和民主监督,通过民主管理、民主监督和信息反馈向学校反映教学工作的具体情况、存在问题,并提出切实、可行的改进建议和策略,促进教学质量的提升。如图6.1所示。

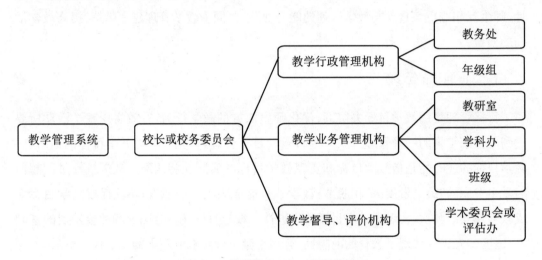

图 6.1　教学管理组织系统结构图

第五节　军队院校的教育管理

军队院校是新型军事人才培养的主要阵地,科学合理的教育管理是提高军队院校教育质量的重要保障,在实战化教育背景下,建立一个充满生机和活力的军队院校教育管理体系,是我军院校深化教育教学改革的重要任务之一。

一、军校教育管理概述

军校教育管理,是指军校教育管理者遵循院校教育规律、管理规律,运用现代科学管理理论、方法、手段整合、优化资源,对教学活动和办学资源施加影响,促进人才培养质量和办学效益的提升。军校教育管理的含义有广狭之分。广义的军校教育管理,是指军委、各军兵种机关等上级行政机关对各级各类院校的管理和监督,包括教育法规、教育制度、人才培养计划、教育评价等。狭义的军校教育管理,是指各级各类军校内部的教育活动、教育资源的优化和协调。军校教育管理具体包括如下内容:

1. 教学管理

教学管理是军校教育管理的核心内容,是指深入学习贯彻军委机关关于院校办学的政策法规,统一军校思想认识,制定各种教学规范,充分调动教学要素,建立稳定的教学秩序,进一步优化教学资源配置,改善军校教学条件,组织实施教学研究,积极推进军队院校教学改革。因此,军校教学管理包括教学计划管理、教学运行管理、教学质量监控、教学研究管理等内容。

2. 学生管理

学生是军校的主要成员,军队院校承担着为国防和军队现代化发展培养高层次军事人才的重要使命。因此,学生管理在军校教育管理中居主导地位。军校学生管理包括招生计划、培养方案、教学过程、学位管理、科研活动等多个方面的管理。

3. 科研管理

积极开展科学研究是军队院校的基本职能之一,是军队院校提高办学水平和育人质量的重要途径。军校科研管理包括组织科研方案制定与审查、科研项目阶段检查、科研成果鉴定、科研质量管理等内容。

4. 教育保障管理

教育保障是指为保障教学活动顺利展开,提供所需的经费、物质、信息、技术,以及组织实施各项活动,它是实施军校教育活动、科研活动的重要保证。军校教育保障管理包括教育经费管理、课程教材管理、实验室建设与管理、训练场地建设与管理、网络信息建设与管理、装备管理、器材管理、图书管理、勤务管理等内容。

二、军校教育管理的特点

军队院校既是我国高等教育的重要组成部分,又是"三位一体"军事人才培养体系的主要组成部分。军队院校教育既要遵循国家教育方针政策和教育的规律原则,又必须坚决贯彻军队的各项条令制度,努力培养适应军队建设发展和"打得赢""不变质"的现代战争新型军事人才。这种既是"校"又是"军"的特殊性,决定了军校教育管理必然具有自己的特点。

(一)教育管理目标的育人性

军校教育管理与其他管理一样,最终目的是为了提高效益。但院校的中心任务是

"育人",离开了"育人",院校就失去了它的存在和发展的意义,院校的各个部门,除了"培养合格人才"这一中心任务外,没有自己独立的所谓"中心工作",离开了"育人",教育管理目标也就偏离了方向。院校的各个部门、各个岗位及各项工作,其出发点和落脚点,都是为了培养合格人才。衡量工作绩效的根本标准,是培养新型军事人才的数量和质量,这与企业管理以获得经济效益为最终目的是不同的。军校特别强调教书育人、管理育人、服务育人和环境育人,把培养新型军事人才的数量和质量作为评价军校教育管理效益和水平的根本标准。

(二)教育管理行为的规范性

军队的性质和特点决定了军校工作必须有高度的统一和规范。军校教育管理行为的规范性,首先体现在以党的路线、方针、政策和中央军委关于军校建设的方针、政策和原则,明确院校建设方向,规范教育管理行为;体现在教育管理过程的计划、实施、检查、总结等各个阶段和环节都有明确的职责、标准和健全的规章制度,充分体现教育管理活动的条令化、制度化和标准化,从而保证了教育管理工作的正常、规范和有序。

(三)教育管理对象的能动性

军校教育管理的对象主要是教员和学员,这与工厂企业对职工的管理有明显不同的特点。军校的教员和学员都是具有主观能动性的个体,他们具有独立性、选择性和倾向性。他们既是被管理的对象,又要参与院校的教育管理。院校的各级领导和教员还要教育和引导学员学习管理并加强自我管理,从而不断培养和提高管理指挥能力。作为管理对象的广大教员和学员,都是从事教学、科研和学习的脑力劳动者,这种工作性质决定了他们的工作方式的独立性、个体化程度较高,需要进行创造性思维。要提倡学术交流,减少行政命令,避免单向灌输,充分调动广大被管理者自身的积极性、主动性和创造性。

(四)教育管理方式的民主性

院校教育管理的许多重大决策和大量的人际关系问题,必然涉及一些学术问题。各级领导和机关应正确处理行政权利和学术权利的关系,学术问题充分依靠专家教授,不能单凭领导者的主观意志和行政命令;要相信、尊重和依靠广大教职员工,按照教育教学的客观规律办事,防止以个人感情代替政策,必须坚持群众路线,依靠专家教授办学,尊重群众的积极性和创造性,发动和依靠全体教职员工参与管理;院校驻地范围比较小,人员居住比较集中,发扬民主的机会和条件比部队更多更广泛,宜多采用群众参与、知识管理、人文管理和柔性管理等民主式管理方法。

(五) 教育管理体制的扁平性

部队和院校的教育管理体制都是分级的,但院校的教育管理体制横宽纵短,管理层次少,呈现为扁平型组织结构。部队为适应作战任务的需要,必须自上而下组成军、师(旅)、团、营、连、排、班等编制层次,实行多层次的指挥和管理,从而呈现为垂直式链型结构。院校教育管理一般分为院(校)、系(处)、室(学员队)三级,纵深浅,层次少,正面宽。这种管理体制决定了院校的基层在"教学第一线",即学员队和教研室。院校的教育管理要实行团一级的工作方法,面向基层,实行面对面的领导。

思 考 题

1. 如果你是一名班主任,你将如何开展有效的学生管理?
2. 教学管理的主要形式有哪些?
3. 结合实际,谈一谈军队院校教育管理的基本特点在管理工作中如何体现。

第七章 教育评价

本章提要

教育评价是衡量学校教育质量的重要手段,是学校教育活动的重要组成部分。教育评价具有判断、导向、激励和反馈改进功能。教育评价贯彻于教育教学活动始终,有教育活动的地方就有教育评价,可以说学校的所有教育活动都离不开教育评价。教育评价内容十分丰富,类型多样。按照教育评价的标准分,教育评价可以分为相对评价、绝对评价和个体内部评价;按照教育评价的功能分,可以分为诊断性评价、形成性评价和终结性评价;按照教育评价的对象分,可以分为学生评价、教师评价和学校评价。与教育评价类型相对应,教育评价的方法也多种多样,有观察法、访谈法、问卷法以及测试法。军队院校教育评价作为学校教育评价的一个组成部分,有特殊性,也有共性。

第一节 教育评价概述

教育评价学是教育科学领域中的一个应用性很强的重要分支学科。教育评价与教育基础理论、教育发展研究并列成为当今世界教育科学研究的三大领域,也是现代教育管理学的重要课题。教育活动是一种有目的、有计划、有组织的复杂社会活动,它的构成因素包括教育目标、教育方案、施教者、教育实施、受教者等。在进行教育理论研究时,人们发现科学地、适时地对教育活动进行总结、评价,能有效提高教育活动的质量效益,因此,针对教育评价的专门研究逐渐发展。现今教育评价已经发展为教育行政部门和教育工作者检查教育工作效益、反思自身的重要手段,其结果对于教育行政部门和教育工作者改进教育管理、指导学校办学、提高教育水平有着重要意义。

一、教育评价的定义

教育评价是什么？这个问题从现代教育评价诞生之初学界就一直存在不同的认识。20世纪40年代拉尔夫·泰勒经过"八年研究"的探索，在《教育与教学的基本原理》一书中写道："评价过程本质上说是一个确定教育与教学计划实际达到教育目标的程度的过程。然而，由于教育目标实质上是指人的行为变化，也就是说，力求达到的目标是要使学生行为方式产生所期望的某种变化，因此，评价是一个确定行为发生实际变化的程度的过程。"①在这里，教育评价就是以教育目标为依据，对受教者的学习效果达到教育目标程度的一种判断。这种判断具有两层含义，一是测验，即测验当前水平；二是描述，即描述离教育目标还有多少差距。

1958年，美国联邦政府颁布《国防教育法》，投入巨额资金，用于发展新教育计划，主要是新课程发展计划，并要求对实施的新教育计划进行评估，以确定投资的使用效果。②这一计划的实施，使得教育评价迎来了新的发展。进入20世纪60年代，人们在对新教育计划开展评价的过程中，发现泰勒的理论在评价实践中存在局限性，其对教育活动细节的分析无能为力，对改进教育活动的作用有限。因此，很多学者对泰勒的理论进行了反思。克龙巴赫(L.J.Cronbach)、斯塔弗宾(D.L.Stufflebeam)、辰野千寿等诸多学者对教育评价提出了不同的认识。克龙巴赫在《通过评价改进课程》一文中提出："教育评价是一个收集和报告对课程研制有指导意义的信息的过程。"③这一类观点认为，教育评价是一个为教育管理者提供决策信息的过程，以便指导如何决策，从而改进教育活动。自此，对教育评价的认识重点转变为"改进"。

进入20世纪70年代以后，学术界对教育评价的研究氛围越来越浓厚，教育评价迎来了较大的发展，有很多关于教育评价的专著和专题文章相继发表，使教育评价相关理论进一步发展，一些国家的政府部门还将教育评价工作以法律或法规性文件的形式固定并开展，从而使教育评价的理论研究与实践得以结合，更进一步促进了教育评价的发展。1981年，美国教育评价标准委员会对教育评价的综合界定是："教育评价是对教育目标和它的优缺点与价值判断的系统调查，为教育决策提供依据的过程。"④

尽管不同学者对教学评价的认识存在差异，但是不难发现他们的观点中存在共通之

---

① 拉尔夫·泰勒.教育与教学的基本原理[M].施良方，译.北京：人民教育出版社，1994：85.
② 刘志军.教育评价[M].北京：北京师范大学出版社，2018：15.
③ 瞿葆奎.教育学文集·教育评价[M].北京：人民教育出版社，1989：82.
④ 钱在森，等.普通教育评价原理与方法[M].沈阳：辽宁大学出版社，1992：5.

处。一是开展教育评价必然要有一定的评价标准作为依据;二是教育评价是一个客观、系统、全面的分析过程;三是评价的本质是做出价值判断。因此,我们把教育评价界定为:评价者在系统、科学、客观、全面地收集、整理、分析教育活动相关信息的基础上,按照一定评价标准,对教育活动的价值做出判断的特殊认知活动。

二、教育评价的目的

人们对于教育评价目的的认识也是随着对教育评价本质的认识发展而不断发展的。教育评价产生之初,评价的目的都是进行总结,对教育活动的结果进行价值判断。随着人们对教育评价的认识逐渐发展为"是一个收集和报告对课程研制有指导意义的信息的过程",对于评价目的的认识也变为目的在于改进教学工作的形成性评价要比目的在于总结判断的总结性评价更重要。1967年斯克里文在《评价方法论》中提出了"形成性评价"和"总结性评价"的概念,并系统阐明了二者相辅相成的关系。[①] 我们认为在这一维度上,评价的目的分为形成性目的和总结性目的。

形成性目的主要是通过评价查找发现教育活动过程中存在的问题,分析产生问题的根源,向教育管理者和教育工作者进行反馈,从而改进教育活动,提升教育质量。形成性评价一般指向教育活动中的某一环节,其评价活动侧重于分析信息、查找问题,其结果向正在进行教育活动的教育管理者、教育工作者反馈,供其参考以改进教育活动。

总结性目的主要是通过对受评者完成教育目标的程度进行价值判断,进而实现对教育活动的考核、区分优劣、评定资格等目的。总结性评价一般涵盖教育活动的全部过程,其评价活动侧重于价值判断,结果具有综合性,概括程度较高,供教育管理者用于甄别和选拔。

三、教育评价的功能

教育评价的功能有判断功能、导向功能、激励功能和反馈改进功能。

(一)判断功能

如前文所述,评价的本质是做出价值判断。价值判断必须以事实判断为基础,在发挥评价的判断功能时,要把价值判断与事实判断统一起来。但这两个判断又是有区别

---

① 瞿葆奎.教育学文集·教育评价[M].北京:人民教育出版社,1989:187.

的,事实判断要回答客体本身是什么的问题,而价值判断则要回答客体对主体有什么意义的问题,即要满足人的需要。因此,通过教育评价,教育管理者可以区别、判断受评对象的某个方面或者整体水平的优劣,确定其有无价值与价值的大小,衡量其是否达到了应有的标准、能否满足国家和社会的价值需求。要充分发挥教育评价的判断功能,需要注意区分判断标准。从教育评价活动实践来看,一般可以把判断标准归为三类:第一类,是根据国家教育相关法律法规的有关规定制定的评价标准,具有权威性。第二类,是依据区域性的地方法规和督导工作的有关规定制定的,也具有权威性,但是有明显的地区差异。第三类,是学校自行制定的评价标准,根据学校类别和层次的不同,评价标准不尽相同,具有针对性。

(二)导向功能

当前,随着经济社会的发展,教育价值取向趋于多元化,不同价值观的人会选择不同的教育价值取向。因此,教育评价的导向功能就愈发凸显,它是指教育评价可以引导教育活动在多元化的价值取向中向着某一个或几个方向前进,是教育发展的"船舵"。实践中,我们要发挥教育评价的导向作用,引导教育发展向着理想的、正确的目标前进。例如,如果把学生考试成绩作为评价学生学习效果的唯一标准,把升学率作为评价学校办学水平和教师教学水平的唯一标准,那么必然导致教育工作向着"应试教育"的方向前进。为了摆脱"应试教育"倾向的束缚,必须以素质教育的评价体系为导向,使评价标准符合国家的教育方针、基础教育的性质和学生身心发展的规律。教育评价是通过其自身的目的性、规范性和预设的评价内容、评价标准、严格的评价程序来发挥导向功能的。有什么样的评价内容,受评者就会重点关注哪个方面的工作;有什么样的评价标准,受评者就会重点向着哪个方向努力,这是评价中常见的现象。因此,教育评价方案的制定者,必须要明确符合国家和社会价值取向的教育目标。同时,依据教育目标制定教育评价的评价内容和评价标准,来对教育活动进行全面的评价。只有这样把握好评价指标的方向性,才能发挥好评价的导向功能。

(三)激励功能

只要进行评价,受评者对于他人对自身的看法,具体到教育领域如成绩优劣、水平高低、评定等级如何都是最敏感的。由于评价结果往往会带给受评者荣誉感,甚至是直接影响到受评者的利益,因此,这种渴望了解评价结果的心理取向,其本身就具有相当的激励作用。一般来说,受评者在评价中得到了正评价,则会产生正向激励,刺激其积极性;得到负评价,则会产生消极作用,降低受评者积极性。在进行评价时,应充分考虑受评者的这一心理,调动受评者的积极性。如对学生学习的评价,要合理考虑学习目标设置的难易程度,使他们力所能及,从而让学生能获得学习成就感的正向激励。另一方面,客观上人们普遍会自发地与周围的个人、集体进行一定程度的比较,这种比较心理也希望能有一个公平的比较环境,这正是我们进行公正客观的评价工作所能满足的。因此,评价的激励功能既能满足受评者心理发展,又切合我们进行教育管理的需要。

(四)反馈改进功能

前文已经论述了教育评价的判断功能、导向功能和激励功能,这些功能的最终目的就是为了改进教育工作,提高教育质量。可以看出,反馈和改进也是教育评价的一个重要功能。教育评价的反馈改进功能是指按照预先设定的评价指标,通过系统地采集受评者相关信息,发现受评者的实际状态,从而对其现状做出判断,找出其存在的问题及产生问题的原因,形成评价结果,然后将结果反馈给受评者,促使受评者根据评价指标改进自身行为。因此,评价结果不能仅仅停留在评价者一方,而是要及时、准确地反馈给受评者,帮助受评者建立对自身更为客观全面的认识,改进不足,进而建立起"评价—反馈—改进—评价"的良性机制。

综上,评价的判断功能、导向功能、激励功能和反馈改进功能,都是通过教育评价实践活动来发挥作用的。因此,要科学务实地开展教育评价活动,才能充分发挥教育评价的功能。且评价功能与评价活动并不是一一对应的关系,而是在评价活动过程中相互交织综合发挥作用产生影响。但由于评价目的的不同,可能会侧重某种评价功能的发挥。

第二节 教育评价类型

一、按照评价标准划分的类型

(一)相对评价

相对评价可以是在受评者群体内部选取一个或者多个对象作为参照标准,也可以是以受评者群体常模为参照标准,然后将剩余的受评对象与参照标准进行比较,用以说明受评者在群体中所处位置的优劣。简单来说就是把个人与其所在的群体进行比较。如某班级学生期末考试英语成绩平均分为85分,那么该班级一名期末考试英语成绩为90分的学生,在班级里英语成绩是比较优秀的;如果一名学生英语成绩只有70分,则说明该学生英语成绩比较差。相对评价是受评者群体内的相互比较,可以引起受评者之间的竞争意识,激发受评对象的积极性。相对评价一般用于选拔,其主要方式有排名次、区分等级等。

(二)绝对评价

绝对评价是在受评者群体之外确定一个标准(教育评价中一般以教育目标、课程标准等作为评价标准),将受评者与这个标准进行比较,对受评者达到标准的程度做出价值判断。绝对评价与相对评价的区别就是绝对评价有绝对统一的客观评价标准,而相对评价的评价标准是随着受评者群体的变化而变化的。一般来说,课程学习成绩评价,如期末考试、大学英语四六级考试,资质考试如会计师资格考试、司法考试、考驾照等都属于绝对评价。课程学习成绩评价是以课程标准为参照,资质考试则是以行业标准为参照,这两者都不是以参考考生群体作为参照标准的。

(三)个体内差异评价

个体内差异评价是将受评者过去的状态与现在相比较,一般可以用来判断受评者是进步还是退步。比如一个学生某几科成绩一直不理想,总是徘徊在及格边缘,但是通过一段时间的自我调整和补习之后,成绩提升到了良好水平,这样的情况教师就应该对其提出表扬,这就是个体内差异评价。个体内差异评价能有效评价受评者的发展性,教育工作者应充分运用个体内差异评价,及时发现学生的进步予以表扬给予激励,存在退步的及时批评提醒,从而促使学生不断进步。

综上可知,相对评价、绝对评价、个体内差异评价的区别是确定评价标准的途径不同。相对评价可以使受评者个体在群体中找到自身所处位置,便于与群体成员进行比较,激发竞争意识。但相对评价是"矮子里选高个子",不论受评者群体状态如何,总能选出相对优秀的。当受评者群体的整体水平较低时,选出的"高个子"并不一定是真正优秀的,只代表其在这个群体中相对较好。绝对评价所采用的统一的客观的评价标准,能评判受评者与客观标准的差距。而个体内差异评价充分考虑了个体的差异,但是缺乏与客观标准和其他个体的横向比较,不能建立对自身学习水平的客观认识,容易造成自我满足。考虑到教育评价的目的是促进教育改革,提升教育质量,在实施评价时,应以绝对评价为主要手段,三种评价方式综合实施。

二、按照评价功能划分的类型

（一）诊断性评价

诊断性评价是指在一项教育活动开始之前，为使其计划更有效地实施而进行的预测性、测定性评价，或对受评者的现状和存在的问题做出鉴定。其目的是了解评价对象的基础和情况，针对其条件与需求确定教育活动的目标、内容、形式、方法等因素，为教育活动的开展排除障碍、创造条件。诊断性评价包含两层含义：一是了解受评者的状态；二是找出存在的问题及分析原因。例如，某学院对大一新生的学习能力进行诊断性评价，根据新生学习力、高考成绩等因素确定适合新生接受水平的课程内容的难度、进度、教学方法等从而区分层次编制教学班进行分班教学。又如一个班级里有几个学生成绩总是上不去，这时就需要使用诊断性评价来分析查找是什么因素影响了学生学习。

（二）形成性评价

形成性评价是指在教育活动进行过程中不断收集了解教育活动的状态信息，评价教育活动的效果，进而持续调节活动过程，最终确保教育目标实现而进行的评价。形成性评价具有即时性、过程性和长期性的特点。在具体评价实践中，形成性评价一般是依据教育活动总体目标，科学地将整个教育过程划分为若干不同阶段，每个阶段有预设的阶段目标，评价者通过形成性评价及时收集反馈信息，对教育活动的每个阶段都进行监控和评价，实施动态调控，力求每个阶段都能实现预设目标，从而使教育活动的总体目标得以实现。形成性评价在教学过程中的代表性体现是单元测验、阶段测验、课堂表现、平时成绩等手段，用来测定学生在某一阶段学习的投入程度和成效，根据评价所反馈的信息及时调整和改善教学过程，为学生提供有效的帮助。

（三）终结性评价

终结性评价又叫总结性评价，是指在一定的学习周期或教育活动周期结束时，以预设的教育目标作为评价标准，对受评者达成教育目标程度做出的价值判断。终结性评价的优点是便于操作，结果直观且概括性强，所以受到重视和广泛采用。但是终结性评价的局限也在于它的评价结果比较概括，不能给出具体的、即时的改进信息，对受评者的促进和完善作用有限；而且只看最终结果不看过程的价值导向，会使得教学倾向"应试教育"，甚至容易导致弄虚作假的出现。在教学过程中，终结性评价一般在学期、学年终结时实施,如学期期末考试、教师年度考核等。

三、按评价对象划分的类型

(一)学生评价

学生评价是指评价者依据一定的评价标准,系统全面地收集、处理和分析学生个体或群体的学业、思想品德、身心素质、综合能力等方面发展和变化的信息,并运用科学评价方法对此进行评价的过程。其目的在于促进学生全面发展,同时为教师改进教学提供参考。

学生是教育的对象,是教学过程的主体,是教育教学活动的出发点和落脚点,也是教育教学活动效果的直接体现者。对学生的评价不仅是对教育"产出"的评价,也是对教育实施者(学校)办学思想、办学目标、办学条件、教学过程和结果的评价。而学生又是一个十分复杂的群体,不仅具有多类型、多层次的特点,学生的发展还受社会环境和学校的教、管等多因素影响,学生素质涉及德、智、体、美、综合能力等许多方面。因此,对于学生评价来说有特殊的要求。一是要有明确的评价目的,就是致力于学生各项能力素质的全面发展,同时改进教学质量。二是要有全面的评价内容,除了关注学生的学业水平外,还要关注学生的情感、价值观、思想品德、身心素质、团结协作能力等各方面因素。三是要有科学的评价方法,不能仅满足于用考试评价学生,而是要把量化评价与质性评价相结合,在笔试考试之外,结合课堂表现、学生自评、同学评价、日常表现等进行综合评价。四是要关注学生发展,学生评价的目的不仅仅是选拔优秀,而更应该关注学生学习基础,评价其学习结果,发现并查找学生学习中存在的问题,激发学生学习动力,同时还要为教师改进教学提供依据。

开展学生评价实践,必须要有科学、权威的依据作为制定评价标准的参考。主要有:一是社会对于人才的素质要求。随着当今社会发展日益突飞猛进,社会对人才素质的要求越来越高,要求人才有坚定的理想信念,要有国际意识,要有广博的知识储备、扎实的基础知识和深厚的专业知识,要有观察、分析、解决问题的能力,要有创造力。学生评价必须以社会对人才的需求为依据,制定评价标准和评价方案,不能让评价活动与社会价值需求相脱离。二是国家有关教育的法律法规。进入 21 世纪以来,学生评价改革受到我国教育界的广泛重视,仅是基础教育领域,国家和教育部就相继出台了《中共中央国务院关于深化教育改革全面推进素质教育的决定》《国务院关于基础教育改革与发展的决定》《基础教育课程改革纲要(试行)》《关于加强和改进普通高中学生综合素质评价的意见》等法规性文件,这些都是开展学生评价的依据。三是不同的学校有不同的人才培养目标。学校是有不同类型和不同层次之分的,有小学、中学、大学之分,有综合大学和专科学院之分,等等,不同层次、不同类型的学校有不同的培养规格和培养目标,学校在其人才培养总目标下,又会区分层次、类型、学科等制定不同的培养目标,最终形成一个目标体系。这样的人才培养目标体系,也是我们开展学生评价的具体标准。四是学生身心发展的客观规律。学生的身心发展有其自然规律和特点,主要可以归纳为顺序性、阶段性、不平衡性、互补性和差异性,这就要求我们在开展学生评价的过程中要遵循这些规律,而不是"唯分数论",忽视学生身心发展。五是教育目标分类理论。教育目标分类理论有这样几个特征:一是用学生外显的行为来陈述目标;二是目标是有层次结构的;三是教育目标分类理论是超越学科内容的;四是教育目标分类理论是一种工具。尽管教育目标分类理论有着一定缺陷,但仍是指导我们开展学生评价的一种工具。

学生评价的主要作用在于,一是可以激发学生学习的积极性。通过开展学生评价,科学评价学生知识、能力、素质的现状,可以让学生了解到自身与阶段性目标、人才培养目标的差距,还可以帮助学生找出自身存在的问题及问题的根源,从而可以激发学生的学习热情。同时,学生评价的结果也有可能让学生产生焦虑感,这就需要教育管理者,如教师,及时介入,帮助学生将自身的焦虑情绪转化为动机力量。二是为教师改进教学提供依据。教师在开展教学工作之前,需要对学生的知识储备、学习态度、能力素质等因素进行一定程度的了解,了解的基础就是学生评价的结果。通过对学生学习前情况的了解,教师就可以采取针对性的教学策略。在教学实施过程中,教师通过不断开展学生评价,对学生各项素质进行判断,有助于发现教学设计中的薄弱环节,从而帮助教师及时对教学内容进行调整,完善教学实施。三是可以改进教育教学管理。我们知道学生是教育教学活动的出发点和落脚点,也是教育教学活动效果的直接体现者。因此,学校教育教学活动的各个方面,大到办学理念、人才培养方案、教学制度,小到教学设计、教学实施、学生管理等,都可以通过学生评价来进行一定程度的反映。这就为学校调整办学指导思想,加强教育教学管理,优化教育资源配置,深化教学改革提供了重要依据。四是为其他评价奠定基础。学生是一切教育教学活动的出发点和落脚点,开展教育评价不可避免地都要进行学生评价,因此,学生评价可以为其他评价工作打好基础,有助于其他评价工作的开展。

(二) 教师评价

教师评价是指评价者依据一定的评价标准,系统全面地收集、处理和分析教师个体或群体相关信息,包括应具备的职业素质、工作表现、工作绩效等,并运用科学评价方法对此进行评价的过程。其目的在于促进教师职业发展,提高教师教学能力。

教师是履行教育教学职责的专业人员,是教育活动的主体,承担着教书育人的重要职责。教师评价工作的开展对教师教学工作具有鲜明的导向作用,评什么、不评什么,表明了教学管理重视什么、反对什么。因此在教师评价工作中要树立正确的价值观。一是要建立与时俱进的职业观。随着时代的发展,传统教师"红烛""春蚕"的职业形象正在逐渐被打破。美国"全国专业教学标准署"提出,优秀教师应该具有以下四个方面的特征:第一,全身心致力于学生及其学习;第二,熟练掌握学科知识和教材教法;第三,勤于思考,不断总结教学实践经验;第四,教师是"学习村"的成员。[①] 二是要建立求实创新的工作观。教师的教育工作既有现实体现,又对人的内在精神世界进行潜移默化的改造,其工作的复杂性和特殊性是远超其他工作的。因此,要在国家相关法律法规要求下,以求实的态度,创新的科学手段,对教师工作进行多方位、多角度的全面评价,正确反映教师工作情况。三是要建立正确科学的评价观。如前文所述,教育评价有判断功能、导向功能、激励功能和反馈改进功能。教师评价本身不是目的,而是一种手段,它不仅仅满足于发挥评价的判断功能对教师进行优劣选拔,更多的应该是发挥其导向功能、激励功能和反馈改进功能,促使教师改进教学工作,提高教学能力,拥有更好的职业发展。

开展教师评价的依据主要有:一是教育部关于教师的法规政策。例如,《教育部关于积极推进中小学评价与考试改革的通知》明确规定了教师评价的主要内容包括职业道德、了解和尊重学生、教学方案的设计与实施、交流与反思。此外教育部还颁布了《幼儿园教师专业标准(试行)》《小学教师专业标准(试行)》和《中学教师专业标准(试行)》等文件,对教师的理念与师德、专业知识、专业能力都做出了明确要求。二是教师工作的特点规律。教师工作是复杂的脑力劳动;教师工作具有创造性;教师工作具有示范性,要求教师道德高尚、为人师表;教师工作要求教师具有团结协作精神;教师工作还具有"延迟满足"的特点,所谓"十年树木,百年树人",教育工作的成效并不能立竿见影。因此,教师评价必须遵循教师工作的特点规律。三是教师本身的教学科研任务。学校类型层次的不同,直接使得教师承担的教学科研任务不同,教师作为教育教学工作的主体,其专业知识、专业能力、教学能力都应该与学校的教学任务相适应,因此开展评价时评价标准就要有所区别。四是现代教育教学理论。现代教育理论对教师的劳动特点、教师的基本能力素质、教师队伍建设等问题都做了系统全面的研究,能有效指导教师评价的开展。

开展教师评价工作的主要作用在于:一是可以调动教师工作积极性,提升教师能力素质。开展教师评价工作,一定程度上能给予教师展示自身教学水平和能力素质的机

---

① 唐晓杰.美国优秀教师知识和技能的标准[N].教育时报,1998(10).

会,能调动教师的工作积极性。同时,评价工作对教师各项能力素质的全面评价,能有效发现每名教师的优缺点,能查明存在的问题及其根源,让教师知道下一步努力的方向,从而起到提升教师能力素质的作用。二是能加强教师队伍管理和建设。开展教师评价工作,可以对教师实施正向引导,建立起科学选拔、任用、教育、考评的教师管理机制,有助于克服教师管理中的随意性。同时,教育管理部门可以通过评价有效掌握教师队伍的现状,分析存在问题,并采取针对性措施,加强教师队伍整体建设。三是能促进教学改革,提高教学质量。教师是教学活动的组织者,在教学活动中居主导地位,对于教学质量起着至关重要的作用。开展教师评价,必然要涉及教学目标、教学内容、教学设计、教学方法、教学组织等教学工作的方方面面,不仅能使教师对教学工作的标准有更加明确的认识,还可以查找不足。因此,教师评价工作必然会促进教学改革,提高教学质量。

(三)课程评价

课程评价是指评价者依据一定的评价标准,系统全面地收集、处理和分析课程开发的全过程信息,包括课程设计、课程实施、课程效果等方面,并运用科学评价方法对此进行评价的过程。其目的在于促进课程的不断改进和发展。

要评价课程的质量,除了要对课程相关文本进行评价以外,还要对课程实施情况进行评价,从而验证课程相关文本的合理性和可行性,而课程效果也与课程实施情况密切相关,且课程效果显现周期较长,因此课程评价是一个动态复杂且有较长周期的评价活动,其评价活动实践具有一定困难。

开展课程评价的依据:一是人才培养目标。课程设置的目的就是要通过一系列课程体系来支撑人才培养目标的实现。课程的设计、组织、实施都必须在人才培养目标的框架之内进行,因此课程评价要以人才培养目标为依据。二是课程有关规范要求。如教育部颁发的《关于积极推进"高等教育面向21世纪教学内容和课程体系改革计划"实施工作的若干意见》《义务教育课程设置实验方案》《普通高中课程方案(实验)》《基础教育课程改革纲要(试行)》等,上级有关课程的规范、要求明确了课程设置、实施、改革等方面的要求,是课程评价的重要依据。三是被评价课程的自身特点。不同的课程其学科属性、地位、类别不同,它的课程标准就是不相同的。这就要求在开展课程评价的过程中,根据不同课程的特点来制定评价标准。四是课程教学对象的特点。课程设计要充分考虑学生群体的不同,不同层次、不同类型的学生群体,对应的课程标准应该有所区别,能充分针对不同学生群体的特点,因此评价的标准也不尽相同。五是课程教学理论。课程评价一定意义上就是判断课程设计、课程实施、课程效果是否符合课程教学理论的要求。

开展课程评价的作用在于:一是诊断课程问题,提高课程质量。课程评价就是一个专注于发现课程相关问题并推动其解决的过程,在评价过程中收集课程相关信息资料,作为发现问题的依据,并对发现的问题进行诊断分析,能充分调动教学双方的积极性,强化课程教学管理,从而提高课程教学质量。二是推动学校教学管理全面建设。在课程评价实践的过程中,评价者不再仅是聚焦于课程设计、课程实施、课程效果等关键因素。评价者通过各种方法收集课程相关资料,必然会涉及教师队伍建设、教学力量调配、教学场地设施、教材资料、课程考试等有关课程的方方面面,因此,课程评价能够从课程建设的角度透析教学管理层面问题,对教学管理建设起到推动作用。三是带动其他评价工作。课程建设刚好位于学校建设的中间环节,对于人才培养目标和学科专业而言,课程是基础;对于学生、教师、教学场地、教学设计等因素来说,课程又是这些因素的综合。因此,课程评价对于学校评价来说是基础,对于教师评价、学生评价等又是一种引领。

(四)学校评价

学校评价是指评价者依据一定的评价标准,系统全面地收集、处理和分析学校的办学思想、教育质量、办学效益、办学条件、管理工作等各方面信息,并运用科学评价方法对其总体或其中一个方面进行评价的过程。

开展学校评价的主要依据:一是国家相关法律法规。《教育法》和教育部相关法规文件对各层次各类别的学校办学都有明确规定,其中同样包含学校评价工作如何开展的相关规定。仅是高等教育方面,就有《教育部关于普通高等学校本科教学评估工作的意见》《普通高等学校本科教学工作合格评估实施办法》等。这一类法律法规是党和国家教育方针政策的重要体现,是开展学校评价工作的根本依据。二是学校类别及其人才培养目标。学校的类别、层次及其人才培养目标都是不尽相同的,因此我们在开展学校评价时不能用统一的标准去衡量不同的学校,而是要有所针对、有所区别,根据学校的实际情况制定评价标准。三是学校办学的特点和规律。如学校办学要尊重客观实际;学校办学要保持先进性和前瞻性;学校办学要着眼整体布局,形成整体特色;学校办学要有教学质量作保证。这些特点规律都是评价者制定学校评价标准时应该考虑的。

学校评价的作用在于:一是科学判断学校办学水平,评定优劣。这是评价判断功能的具体体现。通过对学校开展全面评价,用一个科学的、被大家认可的标准来评判,可以对学校的办学水平有一个较为客观准确的判断,如办学资格认定工作的开展。同样在评价时对不同的学校进行横向比较,就能判断学校办学水平的优劣。二是肯定办学成绩,查找问题不足,促进学校发展。学校评价是对学校的全面体检,涵盖了办学思想、办学定位、教学工作、科研工作、行政工作、后勤工作等学校办学相关的各个方面。因此在学校评价中要对学校办学取得的成绩予以肯定,更要指出学校在各项工作中还存在的主要问题并予以诊断,发挥评价的导向功能和反馈改进功能,使学校系统了解自身办学存在的优势和不足,进一步明确努力方向,不断改进学校各项工作,提高办学水平、教育质量。三是为教育管理决策服务,提升学校管理决策科学性。通过学校评价收集到的全面的学校办学状态信息,可以使教育管理者(上级教育行政部门和学校本级)准确掌握学校实际状态,对于评价中展现的问题,通过教育方针政策的调整来予以解决。四是为社会提供参考。学校办学始终是为社会服务的,因此学校的办学水平一直以来都备受社会关注。具有权威性的学校评价,其结果能对社会起到引导作用。

第三节 教育评价方法

一、观察法

观察法是指评价者对受评者在自然状态下或者受控制状态下的教育活动表现进行观察并如实做出具体的、详实的记录。对受评者的观察可以是系统的,也可以是零散的;可以是连续的,也可以是间断的;可以是直接的,也可以是间接的。观察法适用范围如下:一是适用于收集各种外显的行为材料,强调运用各种感官收集"看得见、听得到"的材料,如语言、动作等。通过观察法获得的行为信息通常具有一定的真实性。二是适用于强调对教育活动的真实描述和记录,收集非量化数据材料的定性评价,比如课堂活跃程度、学生精神状态等。三是适用于受评者较少时。受评者数量较少时,评价者在不施加干扰的情况下,可以长时间地对受评者的自然状态进行观察,详细记录受评者的行为表现,以求观察的全面客观。四是适用于辅助其他评价方法。使用其他评价方法时,都可以辅助使用观察法来观察受评者接受评价时的行为活动,以此来辅助解释其他方法收集到的材料信息。

在使用观察法之前首先要反思一下几个问题:① 我的评价问题是什么？我需要采集什么样的信息？观察法能确实有效地采集到所需要的信息吗？有无其他更适当的方法？② 我需要选用哪种观察类型？观察者如何选择和训练？③ 观察者需要在何时何处观察？观察多久？多少次？④ 观察的焦点是什么？需要观察表吗？⑤观察时需要运用视

听媒体协助记录吗?① 其次,观察是根据信息采集需要有选择性地展开的,要注意全面,但是又要重点突出,相互补充,相得益彰。第三,在观察时要克服主观情绪带来的心理干扰,对于观察到的受评者行为活动要客观记录,抛除主观影响,才能增加观察的可信度。

二、访谈法

访谈法是评价者通过与受评者或者是相关知情人员面对面交流,从交流内容中收集评价信息的方法。访谈的内容一般包括三个方面:一是被访谈者的个人信息,包括简历、家庭情况、个人愿望等;二是要求被访谈者就评价关注的因素提供其所知的客观信息;三是就评价关注的因素征询访谈者的意见看法。

访谈法的优点在于,首先,采用访谈法时,评价者直接参与访谈过程,收获的信息都是第一手信息,没有经过中间环节。其次,不受文字理解能力的限制,可以访谈任何文化水平的群体,并且可以随时追问,深入了解情况,从而详细了解受访者对于评价关注因素的认识、态度和意见。第三,操作方便易行,可随时随地进行访谈。其缺点在于,一是如要通过访谈收集大样本信息,需投入较多的人力和时间,在实践应用上受到相应限制;二是收集的材料是受访者主观描述性材料,不能进行数据统计分析,导致评价的客观性受到影响;三是对访谈者的素质要求较高,要引导受访者充分发表意见,及时准确记录。

三、问卷法

问卷法是在不实施控制的条件下,评价者根据预先设定的评价标准要求,设计一组与调查目标有关的书面问题,要求受评者或相关知情人员填写,通过其回答来收集评价信息。问卷法易于实施、针对性强、调查面广、收集的信息量大,且结果易于统计,科学合理的问卷,其调查结果可以通过计算机使用统计模型进行处理,得出的结论客观精确。但如果问题不明确或题量过大将会对结果造成影响。因此,采用问卷法进行评价时,问卷的设计是影响评价结果的关键。

设计问卷需要重点注意的方面如下:

一是要明确问卷需要调查的目标,简洁明了,开门见山。

二是问卷的要素要全。一般来说现在大家普遍使用的问卷包含题目、前言、指导语、问题、选项、结束语六个部分。

---

① 黄政杰.课程评价[M].台北:台湾师大书苑有限公司,1989:290.

三是问卷的问题类型选择要合适。问题类型分为封闭式问题（即选择题）、开放式问题（即问答题）和半封闭式问题。半封闭式问题是指既提供备选答案，又允许回答者在备选答案之外自由回答此问题。问卷主要以封闭式问题为主，其答案形式单一，便于对结果进行数学统计和分析，此外可以加入少量开放式或半封闭式问题作为补充。

四是问卷内容符合评价目的。问卷包含的问题应对评价的目的有较好的涵盖，答案能反映评价目的的主要方面和状态。

五是问题数量要适量。一般问题数量以完成问卷需要30分钟时间为宜。问题数量过大，容易引起作答者反感，导致回答不认真，应付了事。

六是问题表述要清晰、准确、简明、通俗。问题要尽量使用简单句、陈述句、肯定句，避免引起歧义。问题的含义要单一，不能使用复合问题，即一个问题内不应包含两个及以上内容，如"你经常参加体育活动和俱乐部活动吗"。问题的程度要明确，不能使用模糊概念作为问题，如"你经常参加俱乐部活动吗？"这个问题中"经常"的概念就不明确。避免使用专业术语让作答者不能理解问题的含义。

七是问题的排序要有逻辑。一般来说问题的排序都是由易到难，区分层次。相对敏感的问题和开放式问题应放在问卷最后。

八是避免引导性问题。在设计问卷时，列出问题应该在情感因素上是中立的，如在面向学生的问卷中问题为"你喜不喜欢学习？"，选项为"A. 不喜欢；B. 有点喜欢；C. 很喜欢"，这类问题或选项带有诱导性，使结果不客观。另外还要避免涉及隐私问题或者敏感问题，这会让作答者提供假答案甚至是拒绝回答。

四、测验法

测验法是指评价者通过一套有层次且指向评价目标的试题作业来评价受评者在一定时间内完成评价目标的质量情况，并将结果以数量方式呈现的评价方法。测验法最主要的表现形式就是考试。测验法十分适用于容易被量化的评价目标。评价者在使用测验法时，先要将评价目标进行分解，将大目标分解为小目标，直至分解到具体可操作的程度。如测验学生对本学期数学课程掌握情况，可以将本学期数学课学习内容拆分为若干个知识点，每个知识点对应一道或者几道试题。

测验法的优势在于，一是这样的测验试题范围广，并且有足够数量的客观题，可以评价受评者掌握众多内容的情况。二是评价者依据试题答案进行评价，避免了评价者的主观性，测验结果可靠性较强。三是评价者可以通过测验看到受评者解决问题的过程，了解其表达能力、思维方式、分析能力、判断能力。另外，测验结果一般以分数呈现，精确明了。其不足在于测验试题的编制需要一定的专业水平,耗时耗力;测验法容易使受评者过分看重分数,导致应试教育的产生。

第四节 军校教育评估

教育评价在军队院校教育领域的实践被称为军校教育评估。

在高等教育领域,因为高等教育涉及的因素较多、复杂程度较高,在许多方面还具有模糊性,目前来看难以通过精确的定量分析来进行评价,只能采用定量分析与定性分析相结合、客观统计与主观描述相结合的方法,符合"评估"一词中"估"所展现的"估价、估计"等猜测推断的成分,故称之为"评估"。1990年国家教育委员会颁布的《普通高等学校教育评估暂行规定》,从制度层面对我国高等教育评估工作进行了规范和明确。

军校教育评估本质上来说就是普通高等学校教育评估。包括以下三方面:第一,实质是检验院校教育教学发展是否与军队人才培养目标、部队实战需要相契合;第二,主要任务是监督院校日常教学工作实施状况;第三,最终目的是促进院校教育质量持续改进。

一、军校教育评估的研究对象

如本书第一章所言,军校教育学的研究对象是军校教育活动实践的一般现象和规律。那么军校教育评估的研究对象是什么呢?前文我们论述了教育评价的定义,同理,我们可以将军校教育评估定义为:评价者在系统、科学、客观、全面地收集、整理、分析军校教育活动相关信息的基础上,按照一定评价标准,对军校教育活动的价值做出判断的特殊认知活动。那么军校教育评估的研究对象,就应该是军校教育的价值判断活动,即军校教育评估的研究对象是军校教育价值的判断活动,以及和这一活动有关的所有问题。换言之,军校教育评估研究的是关于什么是军校教育价值的判断和如何才能搞好军校教育的价值的判断等一系列问题。

二、军校教育评估的依据

军校教育评估的依据,从宏观上讲,是军校教育目的和军校教育目标。

军校教育目的是时代、社会、军队和战争对军事人才培养的总要求。它由军委机关和军队院校根据军队建设需要、现代战争特点、社会背景和军校教育对象素质发展状况而提出,是确定军队院校教育内容、建立军队院校教育制度、选择军队院校教育方法、开展军队院校教育评估的根本依据。

军校教育目标是指各级各类军队院校对于各类专门人才的培养目标,以及军队院校在完成教育任务时应具备的条件和应做到的程度,支配我军院校教育活动不断接近军队院校教育目的,是军队院校教育实践活动的出发点和归宿。军校教育目标可以分为总培养目标、具体培养目标和培养规格三个层次的目标系统。

由此可见,军校教育目的是军校教育目标的依据,军校教育目标是军校教育目的的具体化。因此,军校教育目标是军校教育评估的依据,军校教育评估是对军校教育活动是否达到军校教育目标所进行的价值判断。在对军校进行教育评估时,军校教育目标指的是学员在完成军校教育或者是完成相关课程后应该具备的德、智、军、体等方面特征和素质的描述。

三、军校教育评估的组织实施和结果运用

军校教育评估的组织主要根据军校教育评估的类型而定。当前军校教育评估实践中,对军队院校的教育评估活动,主要是由军委机关、军兵种参谋部组织实施,如教学评价、教育监察、课堂教学质量常态化监测等。军校内部的教育评估一般是由其自身教务处或教学考评中心组织实施,如课程评估、教学督导、教学质量评价、考试考核等。军校教育评估的实施则主要依靠对高等教育学、军事训练学和军队院校教育有较深研究的知名专家及教育管理人员承担。

军校教育评估结果是评估中综合价值判断的表述和公布形式以及评估的相应政策。综合价值判断包括评估报告和评估结论两部分。评估结论因评估目的不同而有所不同:对于鉴定类评估表现为合格、不合格;对于办学水平评估,结果表现为优缺点诊断或等级区分;也可以是对军校教育水平给出综合的分值、排出名次或确定选优对象。军校教育评估结果应予以公布,并具有与评估结论相对应的配套措施,以充分调动参与评估活动的单位和人员的积极性,使军校教育评估正常发挥推动军校教育不断发展的作用。

四、军队院校教育评估类型

军队院校教育评估分为综合评价和专项评估。

（一）综合评价

综合评价是对军队院校办学总体状况做出的全面评价,是由教育主管部门或院校所属的主管单位对院校进行的整体综合评价。这种评估是根据对不同类别院校所规定的任务和目标进行的,以全面考查院校的办学指导思想、人才培养、科学研究、为社会服务等方面的质量和水平。对军队院校的综合评价具体包括对军校办学方向、思想政治工作、本专科生培养、研究生培养（无研究生培养任务时此项可略）、科学研究、直接为部队服务、教员队伍与建设、院校管理与效益、办学条件九个方面的评价。

（二）专项评估

专项评估分为课程评估和专业评估。

1. 课程评估

在教育评估中,课程评估属于基本层次的评估。课程评估是参照依据培养目标制定的课程教学目标,规定相应的评估标准,通过系统地收集信息,采用科学的方法,对课程教学活动中教和学两方面的状况,做出综合价值分析和判断。

2. 专业评估

专业评估是对院校各专业的教学质量的评估,是院校综合评价的重要组成部分。专业评估旨在总结经验,找出人才培养过程中的问题,以便加强调控与指导。按照专业评估目的不同,可以将专业评估分为合格评估、水平评估和选优评估。

思 考 题

1. 联系实际,谈谈教育评价在现代教育过程中的作用和意义。
2. 简述学习评价的内容,并结合实际,谈谈开展学习评价应注意的事项。
3. 结合军队院校教学实践,谈谈开展军队院校教学评价的发展趋势。

参 考 文 献

[1] 李朝辉,等.教学论[M].北京:清华大学出版社,2010.

[2] 黄甫全.现代课程与教学论学程[M].北京:人民教育出版社,2006.

[3] 汪刘生.教学论[M].合肥:中国科学技术大学出版社,1996.

[4] 田慧生,李如密.教学论[M].石家庄:河北教育出版社,1996.

[5] 裴娣娜.现代教学论[M].北京:人民教育出版社,2005.

[6] 夸美纽斯.大教学论[M].傅任敢,译.北京:人民教育出版社,1984.

[7] 王策三.教学论稿[M].北京:人民教育出版社,1985.

[8] 李秉德.教学论[M].北京:人民教育出版社,1990.

[9] 佐藤正夫.教学论原理[M].钟启权,译.北京:人民教育出版社,1996.

[10] 杨小微.现代教学论[M].太原:山西教育出版社,2004.

[11] 皮连生.教学设计[M].北京:教育科学出版社,2000.

[12] 施良方,等.教学理论:课堂教学的原理、策略与研究[M].上海:华东师范大学出版社,1999.

[13] 陈时见.课堂管理论[M].桂林:广西师范大学出版社,2002.

[14] 李劲松.有效的课堂管理[M].长春:东北师范大学出版社,2006.

[15] 任仕君,等.教育学基础[M].北京:北京师范大学出版社,2013.

[16] 钟启泉.教育管理论[M].上海:上海教育出版社,2001.

[17] 罗树华,等.教师能力学[M].济南:山东教育出版社,2000.

[18] 吴能表,等.高校教师教学发展中心工作指南[M].重庆:西南师范大学出版社,2016.

[19] 李森.现代教学论纲要[M].北京:人民教育出版社,2018.

[20] 张典兵,等.教师专业发展[M].徐州:中国矿业大学出版社,2017.

[21] 赵慧君,等.教育学基础[M].北京:科学出版社,2014.

[22] 葛金国.学校管理学[M].合肥:中国科学技术大学出版社,1996.

[23] 张楚廷.学校管理学[M].长沙:湖南师范大学出版社,2000.

[24] 母国光.高等教育管理[M].北京:北京师范大学出版社,2000.

[25] 薛天祥.高等教育管理学[M].桂林:广西师范大学出版社,2001.

[26] 吴志宏,等.新编教育管理学[M].上海:华东师范大学出版社,2000.

[27] 朱旭东.教师专业发展理论研究[M].北京:北京师范大学出版社,2011.

[28] 袁振国.当代教育学[M].北京:教育科学出版社,2005.

参 考 文 献

[29] 王志彦.高等教育学[M].北京:高等教育出版社,2019.
[30] 教育大辞典编撰委员会.教育大辞典[M].上海:上海教育出版社,1997.
[31] 杨道虹.现代教育管理原理[M].北京:中国人事出版社,2001.
[32] 杨颖秀.教育管理学[M].长春:东北师范大学出版社,2001.
[33] 薛天祥.高等教育发展论[M].桂林:广西师范大学出版社,1999.
[34] 顾建民.高等教育学[M].杭州:浙江大学出版社,2014.
[35] 潘宝红.教育学[M].北京:北京师范大学出版社,2015.
[36] 袁振国.当代教育学[M].北京:教育科学出版社,2006.
[37] 廖时人.教育学[M].北京:人民教育出版社,1994.
[38] 周泉兴,马建华.现代军校教育学概论[M].北京:海潮出版社,2007.
[39] 王志彦.高等教育学[M].北京:高等教育出版社,2020.
[40] 全国十二所重点师范大学联合编写.教育学基础[M].北京:教育科学出版社,2008.
[41] 焦锋.教育学基础与案例教程[M].北京:国防工业出版社,2014.
[42] 赵慧君.教育学基础[M].北京:科学出版社,2016.
[43] 郑永廷.大学生学习理论与方法[M].北京:人民出版社,2010.
[44] 朱如珂,等.现代军校教育新论[M].北京:海潮出版社,2003.
[45] 王宪志.军校教育学[M].北京:军事科学出版社,1993.
[46] 袁文先.军队院校教育学[M].北京:国防大学出版社,2011.
[47] 常顺英.大学生学习引论[M].北京:北京理工大学出版社,2012.
[48] 边玉芳.教育心理学[M].杭州:浙江教育出版社,2015.
[49] 朱文彬,等.高等教育心理学[M].北京:首都师范大学出版社,2007.
[50] 吴翠环,等.学会学习[M].杭州:浙江大学出版社,2017.
[51] 赵希文,等.大学生学习方法导论[M].杭州:浙江大学出版社,2015.
[52] 夏凤琴.教育心理学[M].北京:清华大学出版社,2017.
[53] 王彦才.现代教师教学技能[M].北京:北京师范大学出版社,2010.
[54] 钟启泉,等.课程与教学论[M].上海:华东师范大学出版社,2008.
[55] 陈旭远.课程与教学论[M].北京:高等教育出版社,2012.
[56] 黄甫全,等.课程与教学论[M].北京:中国人民大学出版社,2019.
[57] 李允.课程与教学论[M].北京:北京大学出版社,2015.
[58] 李国臣.优化课堂教学的策略与修炼[M].天津:天津教育出版社,2017.
[59] 索桂芳.课程与教学论[M].北京:北京师范大学出版社,2016.
[60] 陈琦,等.教育心理学[M].北京:高等教育出版社,2005.

[61] 程书肖.教育评价方法与技术[M].北京:北京师范大学出版社,2004.

[62] 戴·冯塔纳.教师心理学[M].王新超,译;谢东,审校.北京:北京大学出版社,2000.

[63] 傅道春.教育学[M].北京:高等教育出版社,2000.

[64] 范文澜.中国通史简编:第三编[M].北京:人民出版社,1978.

[65] 耿德英,等.教育学[M].成都:西南交通大学出版社,2006.

[66] 关鸿羽,等.提高教育教学质量的策略与方法[M].北京:中国和平出版社,2001.

[67] 郝保文.教育学纲要[M].呼和浩特:远方出版社,2003.

[68] 胡厚福.教育学原理[M].北京:北京师范大学出版社,1997.

[69] 扈中平.教育目的论[M].武汉:湖北教育出版社,2004.

[70] 邵宗杰.教育学[M].上海:华东师范大学出版社,2009.

[71] 施良方.课程理论[M].北京:教育科学出版社,1996.

[72] 石中英.知识转型与教育改革[M].北京:教育科学出版社,2001.

[73] 宋秋前.教育学[M].杭州:浙江大学出版社,2010.

[74] 孙冬梅.课堂管理策略[M].北京:高等教育出版社,2010.

[75] 孙俊三.教育原理[M].长沙:中南大学出版社,2001.

[76] 孙培青.中国教育史[M].上海:华东师范大学出版社,2000.

[77] 王道俊.教育学[M].北京:人民教育出版社,2009.

[78] 王汉澜.教育评价学[M].郑州:河南大学出版社,1995.

[79] 余林.课堂教学评价[M].北京:人民教育出版社,2007.

[80] 赵必华,等.课程改革与教育评价[M].合肥:安徽教育出版社,2007.

[81] 周泉兴.生长军官培养基本标准研究[M].北京:海潮出版社,2005.

[82] 吴志宏,冯大鸣.新编教育管理学[M].上海:华东师范大学出版社,2000.

[83] 桑新民.学习科学与技术[M].北京:高等教育出版社,2017.

[84] 王言根.会学习:大学生学习引论[M].北京:教育科学出版社,2008.

[85] 徐继存,赵昌木.现代教学论基础[M].北京:北京大学出版社,2008.

[86] 雷玉.大学教师教学发展模式研究[D].武汉:武汉理工大学,2008.

[87] 王国明.大学教师教学发展模式的研究[J].教师教育学报,2017(8).

[88] 陈伟明.我国大学教师教学发展研究[D].南昌:江西师范大学,2011.

[89] 洪早清.围绕"三个立足"推进高校教师教学发展[J].中国大学教学,2016(5).

[90] 马晓旭.高校教师教学发展的关键点识别及控制策略选择[J].黑龙江高教研究,2018(10).

[91] 郭东琴.军校学员学习动机分析与对策研究[J].教学研究,2016(3).

[92] 王志伟,孙路.应用型本科院校教师教学能力提高途径探析[J].黑龙江高教研究,2013,(5).

[93] 徐军,杨恒.军校学员自主学习及其效果评价[J].解放军理工大学学报(军事科学版),2015(10).

[94] 曾东霞.惯习与场域:大学生自主学习能力的实证研究[D].长沙:中南大学,2010.

[95] 王田.大学生自主学习的现状及影响因素研究[D].上海:华东师范大学,2010.

[96] 阙祥才,宋司琦.大学生自主学习能力存在的问题与对策[J].湖北第二师范学院学报,2019(6).

[97] 何基生.大学生自主学习能力的内涵、构成及培养[J].湖南科技学院学报,2012(5).

[98] 吴毅君.论高校"学"的环境建设的重要性与对策[J].当代教育论坛,2003(6).

[99] 孙嘉每.大学生自主学习能力的现状、问题及改进[D].北京:首都师范大学,2014.

[100] 孙玥.地方性院校大学生自主学习问题研究[D].长春:长春理工大学,2010.

[101] 许淑慧.高校教学方法改革探析[J].广西社会科学,2012(7).

[102] 姚利民.打破教学改革坚冰,创新高校教学方法[J].中国高等教育,2010(8).

[103] 王志伟,孙路.应用型本科院校教师教学能力提高途径探析[J].黑龙江高教研究,2013(5).